LINGDAO YOUDAO
GUANLI YOUSHU

领导有道
管理有术

王建军 著

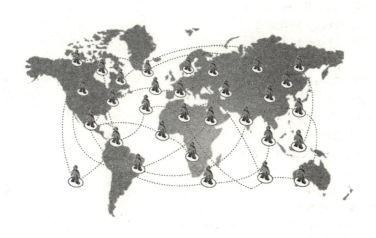

经济管理出版社
ECONOMY & MANAGEMENT PUBLISHING HOUSE

图书在版编目（CIP）数据

领导有道　管理有术/王建军著.—北京：经济管理出版社，2016.1
ISBN 978 - 7 - 5096 - 4130 - 9

Ⅰ.①领… Ⅱ.①王… Ⅲ.①领导学 Ⅳ.①C933

中国版本图书馆 CIP 数据核字（2015）第 299933 号

组稿编辑：张　艳
责任编辑：赵喜勤
责任印制：司东翔
责任校对：雨　千

出版发行：经济管理出版社
　　　　　（北京市海淀区北蜂窝 8 号中雅大厦 A 座 11 层　100038）
网　　址：www. E - mp. com. cn
电　　话：（010）51915602
印　　刷：北京银祥印刷厂
经　　销：新华书店
开　　本：720mm × 1000mm/16
印　　张：14
字　　数：193 千字
版　　次：2016 年 2 月第 1 版　2016 年 2 月第 1 次印刷
书　　号：ISBN 978 - 7 - 5096 - 4130 - 9
定　　价：39. 80 元

前　言

　　人越来越难管，这几乎是近些年各企业领导的共同感受。只要你带过人，哪怕只是一个小团队，都会有同样的感受。下属工作效率低，对上级的命令阳奉阴违，当面背后的违规情况总是层出不穷。无责任心，归属感低，动不动就离职，各种激励、奖惩等措施能起到的作用已经很有限。一句话，队伍不好带！

　　"搭班子、定战略、带队伍"，这是领导者耳熟能详的三段论，柳传志的名言：队伍是靠带出来的，也是靠管出来的。他把领导和管理之间的关系说得非常浅显易懂，但怎么带？如何管？却是摆在领导们面前的一道难题。

　　他山之石不是可以攻玉吗？领导者们纷纷向外寻求先进的管理模式和成功的管理经验。品质圈、绩效管理、平衡计分卡、"5S"、"6S"……不可否认，这些先进的管理模式，多多少少起过一定的作用，但是再完善健全的制度，也经不起人挖空心思地钻空子，比如指纹打卡机一问世，相继就衍生出多种做指模套代打卡的办法。

　　制度只能起到约束的作用，管理最终还是要管心。很多睿智的领导都意识到了这个道理，于是管理从心做起、人性管理、企业文化等也热热闹闹地都开展起来。效果怎么样？有好有坏。因为人心是个很难捉摸的东西，俗话说"人心似水，民动如烟"，就是这个意思。所以难怪有些企业老总叹息，说现在都是"哄孩子一样地哄着下面的人干活"。当领导当到这个份上，成就感也有限得很。而且企业的业绩，短期的不评判，但长期看来至少不会太乐观。

一般来说，企业中有什么样的领导，就会有什么样的下属。正如在军队里，有什么的将军就会有什么样的兵。这个原理说明，如果你觉得做领导很苦，队伍很难带，管理力不从心，那么最有可能的是，你还没有真的悟到领导之道，你的管理技术还有待提升。

不用说，稍微有点远见的领导者和管理人员都意识到了这个问题，所以各种培训班、领导力方面的书满天飞。但归类一下，不外乎两种情况：要么是国外的经典管理图书，要么是为畅销而做的实操类图书。前者的确经典，但是我们中国的国情跟西方国家不同，那些理念可以学习，但很难直接拿来就用，往往会因为水土不服，最后无疾而终；后者则相反，那些技术很实用，有些方法的确一试就灵，但是正如诸葛亮的空城计只唱了一次，技巧性的方法也很难持久。比如各种奖惩制度，一开始很有效，但是随着时间的推移，其"长尾效应"的出现几乎成为必然就是明证！

其实，这个道理不难理解，我们是中国人，我们在五千年文化的积累和熏陶中成长，我们每个人即使不学，骨子里都深深地烙着传统文明的印记。所以西方的管理模式可以借鉴，但不能解决管理的根本问题，因为我们的人心和需求，与西方人有着根本的不同。一些技巧性的管理方法，可以解决眼下的一些问题，但对于根本性的问题是无能为力的。

当然，也有一些图书是立足于我国的传统文化来讲领导学的，但是往往又被传统的帝王术所束缚，道理是讲得很对，但是拿来办事，依然一片混沌，因为缺少可执行的标准，而且有些帝王术，也不是放之四海而皆准的。

因此，虽然目前关于领导、管理的书，可以说市面上是满眼皆是，但要找到一本既能高屋建瓴地从道的高度来剖析领导力，又能包含可执行、可操作的实用性的管理技能的书，显然并不容易！

这就是本书的价值所在。

本书名为《领导有道　管理有术》，既阐述领导如何深入了解下属需求、激发下属内心的动力的"道"，又辅之以实际的管理方法和技术，让"道"有"术"可行，有法可依。本书是一本不可多得的理论和实际相结合的领导力培养图书。

本书共十章，第一章讲"道"为本，"术"为用，道和术结合才是领导智慧；第二章讲领导要顺势而变，恰到好处，过犹不及；第三章讲如何通过了解人性来更好地管理下属；第四章讲怎样做一名传道者，成为一个教练式的领导人；第五章是关于授权的智慧和技巧；第六章讲道德的重要性，以德服人才是卓越的领导者；第七章是关于激励的原则和技术；第八章是管理之道，管理只是手段，不要把管理当成目的；第九章是中国式管理，也是领导之道和管理之术的精髓；最后一章是关于企业基业长青的一些展望，以供读者加深印象，在道与术上更进一步。

本书以丰富的案例推动详尽的阐述，语言流畅，文辞温厚，仿佛一位长者，在充满禅意的雅间，焚香烹茶，坐而论道。本书除理论和案例外，每章都有笔者对道与术的独特心得，是笔者多年经验的结晶，在此分享给读者。每章末尾都附有相关的领导力自测，可以帮助读者更好地了解自己的长处和不足。

本书适合希望提升"领导力"的管理者，希望提升心和身双重能力的职业经理人，也适合相应的企业教练、职业顾问和一切对领导、管理有兴趣的读者。

目 录

第一章　道与术，领导管理的最高智慧

以道御术，卓越领导的根基

物有本末，事有终始，知所先后，则近道矣。

——《大学》

"道"，是宇宙的本原和普遍规律，是事物发展变化的规律，是天地万物存在与发展的总依据和终极范畴。

"术"，就是操作方法。也就是说，"道"是事物发展的规律，"术"是规律指导下的方法。"道"与"术"是相辅相成的，"道"是主干，"术"是分支。如果说"道"是理论，用来指导实践，"术"就是实践过程中的方法。

所谓"以道御术"就是基本原理和具体操作的统一，不变的规律和万变的应用的统一，内在和外在的统一。

古人有云：道术结合，相得益彰；道术相离，各见其害；轻道重术，则智术滥用，手段极尽，故生酷吏与小人。谋权，术也。所以说，道之为体，

·1·

术之为用，以道御之。体用相生，是为极道而至术。

以道御术，大致可以从以下三个层面来理解：

第一个层面，悟道。就是从万变的术中悟出不变的道，从而透过现象看本质，从令人眼花缭乱的大千世界中抓住最重要的东西。

正所谓"大道至简"，那些最根本的道理，往往非常朴实，甚至有时候容易被忽略。

《汉书·班超传》记载了这么一件事：

班超在西域为都护时限较长，又有病，所以朝廷将他召回，接任者任尚请求班超临别赠言。班超说："塞外的吏士本来就不是孝子顺孙，他们都是因为罪过而发配到边地的，而蛮夷又都怀有鸟兽之心，不容易安抚，却极易挑起事端。而您的性格太严厉急躁，这是不好的，也容易出问题。水清了就没有大鱼，政务太苛察就不易让下面的人亲附，以致人事不和谐，所以您还是应当将法度放松点，简易点，要宽容人家的小小过错，只要大事能够抓住、不出问题就算尽到职责了。"听了班超的话，任尚感到非常失望。他本来以为班超会传授给他一些如何制服西域各国的妙招，没想到是这么几句老生常谈的话！他对手下说："我原来以为大名鼎鼎的班超会有什么出奇的谋略，原来说的也就是平常的话啊。"

任尚没有理解班超话中的领导之"道"，一意孤行，为政严苛，结果和西域各国的关系越来越紧张。没过几年，西域各国叛乱，任尚因此被召回京中问罪！

第二个层面，御术。懂得了道就可以更好地驾驭术。即使是学习别人的术，也只有知道它的实质和根本，才能消化吸收。毛泽东同志说，感觉到了的东西，不见得能够理解它，理解了的东西就能够更深刻地感觉它。

成吉思汗"灭国四十"，使群雄逐鹿的漠北归于统一，缔造了强大的蒙古帝国，蒙古大军的铁蹄横跨西欧大陆！成吉思汗不识字，也从未读过《孙子兵法》，可每一次征战，或是分割包围，或是围城打援，或是诱敌深入，或是远交近攻，无不运用自如。这跟成吉思汗善于"御术"分不开。

在政治上，成吉思汗也是非常善于学习和吸收的领导者。统一草原时，铁木真起兵征服位乃蛮太阳汗。不久太阳汗丧命灭国，铁木真俘虏了太阳汗的掌印官塔塔统，成吉思汗亲自加以审问且详细追问印章的用途。塔塔统答道："出纳钱谷，委任人才，一切事皆用之，以为信验耳。"成吉思汗由此认识了印章的重要性，便让降臣塔塔统留在自己的身边刻制蒙古可汗的大印，并命令他继续担任掌印官。

塔塔统是个人才，精通多种语言。不久，铁木真便让塔塔统用维吾尔文字拼写蒙古语。塔塔统创制蒙古文字，这在蒙古史上是个创举。正是有了这种文字，成吉思汗才颁布成文法和青册。而在他死后不久成书的第一部蒙古民族的古代史——《蒙古秘史》，就是用这种维吾尔字写成的。至此，成吉思汗改变了蒙古族没有文字的历史。

成吉思汗的成功当然有多方面原因，但从一个一无所有、连自己的妻子都不能保全的青年，到蒙古帝国的缔造者，这其间善于御术、善于借力是不可忽视的重要原因。

第三个层面，创新。把握了道就更有利于创新，创造别人没有的术。但创新的基础在于对道的深刻的理解和把握。

我们都知道，马云初创阿里巴巴之时，多少人视他为疯子、异想天开，他带着仅有几人的小团队，过着旁人难以想象的艰苦日子。当时，电商这个概念在中国都是一个新名词。但马云认准的是，随着互联网的发展和普及，电子商务走入千家万户，必然会是即将到来的趋势！这不是固执，更不是成功学中盲目的"坚持"，而是深深把握住了"成功之道"！这样的创新，才是有意义的，会带来巨大成功和利润回报！

当然，"以道御术"，前提是对"术"已经精通，否则就是玩玄术、话口禅。而一个道、术通达的人，平时看起来唯唯诺诺，呆若木鸡，其实那些术不是他不会，而是因为已经很精通，所以弃而不用也。也可以这么说：必须十八般武艺样样精通，到了一定境界，才可能"无招胜有招"。

总之，天下万事，荣枯成败，皆不出道与术这两大范畴。道是河，术是舟；道是舵，术是桨，无河无以载舟，无舟难以渡河，无舵则无方向，无桨则无动力。道是方向，术是方法；道是法则，术是谋略。有道无术，术尚可求也。有术无道，止于术。

道即规律——依赖"英雄"，不如依赖机制

企业是永久性的，不是过路生意，不要因为保护或者机遇赚一笔钱就心满意足。企业要有健全的管理制度，也要有适当的人才来继续经营。

——王永庆

领导是马车头，是风向标，是企业的舵手，但是，企业的发展不能依赖领导。事实上，现在越来越多的管理研究者认为，领导者需要在平时的经营管理中采取适当的措施，建立一套完整制度，避免因企业的领导者发生意外而引起企业崩溃。

这样的事情在之前有过无数的例子。因为企业领袖往往才能卓著，资源丰富，个人魅力十足。整个组织在他的带领和管理下，红红火火，以至于整个企业都对他和他的个人魅力产生了依赖性。于是，一旦他发生了意外，比如患病、过世等，企业就会像失控的飞机一样，结局难以预料。

在危机管理中，这种危机，被称为"坠机理论"。

其实，老子在《道德经》中，早就有过类似的理论。老子把领导者分成四个等级："太上，不知有之。其次，亲而誉之。其次，畏之。其次，侮之。"大意是说，最高级的领导者，是"不知有之"。大家好像感觉不到他存在，但事情都在有条不紊地进行。领导者在哪儿，在干什么，似乎与这个企业的正常运行没有太大的关系。在这样的领导者带领下，人们获得自由的空间最大，也最能发挥所长，给自身、机构和社会带来最大的好处。次一等的领导者，是"亲而誉之"。因为他的贡献，大家会给这一类型的领导者美好的赞誉，并希望和他们多多亲近。再次一等的是"畏之"。下级对这类领导者十分害怕。这一等领导者是永远不会放弃权力的人，除非到自然生命结束，要不然人们只能听从"领导"的吩咐。这样的企业很难有什么大的发展。最低等级的领导者是"侮之"。这种领导者经常受到下级的讥笑谩骂，人们毫不尊重他，企业内耗严重，下情不达，政令不传。

万科的王石以攀登珠峰为乐，是个名副其实的"甩手掌柜"。不得不说，很多企业家羡慕他，因为董事长离开三月，万科的印钞机照样运转正常。即使他只是一个天天爬山的董事长，王石也还是万科的代名词。

正因为非常了解企业不能依赖领导人，所以从1999年开始，王石就将总经理的担子卸下来，只做董事长，开始了培养年轻接班人的步骤。王石要的是主动"交班"，而不是要等到"退休"的那天再做这件事。

创建万科20年，王石做了一个总结："我选择了一个行业，选择了房地产，创造了一个品牌，万科地产品牌，建立了一个制度，培养了一个团队。已经20年了，如果20年了还不能离开这个公司，那是我的失败。如果一旦王石离开万科，万科就稀里哗啦，那这就是一个病态的企业。"

王石还说："万科的成功，并不表现在王石在的时候，而是在王石不在的时候。"所以王石说这些年自己一直在远离万科。他很自信地说："可以这么说，如果选三个上市公司的董事长，然后把他们全灭了，受影响最小的就是万科。"

王石能够做到这点，很大程度得益于王石用 20 年时间，培养了一个团队，而不仅只是当了 20 年的领导人。正如博雅全球总裁柯伟思认为，在公司中，出色的 CEO 还需要建立起一个好的领导团队，使得这个团队跟他具有同样的理念，持有同样的价值观。这个领导团队能够保证任何时间任何地点离开 CEO 都能使公司持续发展。

对现代企业来说，一家公司的成长，尽管掌舵人具有相当大的作用，但公司要获得长期发展，关键则要看它是否建立起了比较完备的，又切合该公司成长的制度及运作模式。换句话说，现代企业制度才是保证一个成熟企业持续并长远发展的关键。

建立起规则至上的文化与体制是防范"坠机危机"的必备手段。如果企业没有建立一种规则至上的文化，那么所有的内控制度都将成为一纸空文。万科的王石就曾表示，他的话不算数，只有管理层的决策才算数，所以即使他不出现在公司，他培养出来的规则至上的文化一样会制约接班人的作为，避免内部人控制的风险。

其实，国外连锁餐饮企业（如麦当劳、肯德基等）或销售企业（如沃尔玛、家乐福等），往往都有一套明确的发展战略和切实可行的管理制度，不仅在文化上形成了统一的风格，而且在经营思路上保持一致。这些企业发展迅速，规模很大，但管理有序，看似对下面充分授权，但实际上却高度控制。

而全球知名人力资源管理及咨询服务公司翰威特在"亚太区领导人才最佳雇主"调研结果中披露，所有的十佳雇主都有详细的企业领导人发展策略，相比之下只有 50% 的中国企业这样做。另外，有 90% 的十佳雇主制定了从企业内部选拔领导人才的策略，50% 的十佳雇主制定了从企业外部聘用领导人才的策略，并至少在 2/3 的时间里通过轮岗制激发人才的潜质，但只有 31% 的中国企业会定期实行轮岗制。

在我国，有个专门从事美式木制别墅建造的企业。员工不到1000人，但占据了国内木结构别墅70%以上的市场份额。这个企业对机制的重视到了严苛的程度，了解的人都说像德国人一样严谨。公司内所有建筑工人都有一本80页的《美制轻型木结构操作规程细则》，这一细则从地基与基础、主体结构及装饰、水电安装、燃气管道安装、油漆喷涂五大方面逐一作了非常详细的规定。

比如，公司规定两个钉子之间的距离是6寸，那就绝不允许在6.5寸、7寸处钉钉子。我们一般认为6.5寸和7寸其实并没有太大区别，但公司领导认为，一旦放开了，就有可能在8寸或9寸处钉钉子，那么房屋的质量就会受到威胁。为了保证这些制度被执行，公司也有一系列的保障措施，比如公司给予了质量督察长无限崇高的权力。任何员工不服从或与之对抗都视为严重违反公司制度，违反者将被立即解聘，情节恶劣者立即开除。

由一斑窥全豹，这样的公司，想不成功都难。事实上，这个公司的领导者在业界，因为他卓越的领导和管理的才能被视为"神一样的存在"。

所以，领导者要重视对企业内部人才的培养，特别是要重视在企业内建立一套完整的机制，要知道，即使你再英明过人，也只有机制才能保障企业基业长青！

引车卖浆道与术：从三个方面提升自己的领导力

首先，提升明确制定团队目标的能力。

这个目标既包括中长期目标，也包括短期目标、具体目标。

提升这种能力，需要养成全面分析问题和信息的习惯，不固执，不偏听偏信，不主观臆断，同时也要亲身考察，了解情况，这样才能明确、准确地制定目标。

其次，提升沟通能力以及带领和支持团队成员实现目标的能力。领导者要能及时有效地把团队目标解释给每一个团队成员，最关键的点在于换位思考。领导必须有很强的自信心，而且要让每一个人都被这种自信心所感染。更要有调动资源，合理分工，协同作用的能力。改变自己的思维模式是提升领导力的一个重要方面。

最后，激励的能力。领导要有效地激励他人，并且培养部下自我激励的能力，而这些需要以正确的决策和良好的沟通为前提。激励也不能只停留在精神上和口头上，当部下遇到困难的时候，要给予资源和条件上的必要支持。

道为本，术为用——领导力的关键
不是"领导"而是"力"

知道察，知道行，体道者也。

——《荀子·解蔽》

什么是领导？一般来说，领导，主要指通过一些不易察觉的方法，鼓动一个群体的人们或多个群体的人们朝着某个方向、目标努力的过程。"成功的领导"包含了多层意思，但最基本的一点是"好的"领导鼓动人们朝着真正给他们带来长期最大利益的方向努力，而不会引导人们走向绝境。换句话说，"好的"领导不会浪费他们的稀缺资源，也不会造就人性的阴暗面。

比如，领导力研究者们认为阿道夫·希特勒就曾表现出很强的煽动性，也达到了鼓动的目的。但是，他们并不认为这种煽动性是"好的"领导作用。所以，当我们讨论领导力的时候，搞清楚有没有领导行为要比搞清楚是不是成功的领导来得容易。

那么，我们如何来理解成功的领导行为？

浩瀚的沙漠中，一支探险队在艰难地跋涉。头顶骄阳似火，队员们都口干舌燥。最糟糕的是，他们没有水了。

这时，队长从腰间取出一个水壶，两手举起来，用力晃了晃，惊喜地喊道："看，我这里还有一整壶水！但穿越沙漠前，谁也不能喝。"沉甸甸的水壶从队员们的手中依次传递，大家脸上露出坚定的神色，陡然增添了力量。

终于，走出茫茫无垠的沙漠，大家喜极而泣，向着那渴望已久的水壶扑过去——队长缓缓地拧开了水壶盖，倾倒，里面流出是一缕缕沙子。

这个故事告诉我们：成功的领导行为，也许并不需要领导者拥有多少过人的才能、资源以及其他物化的能量，领导只是一个抽象的概念，领导力的关键在于"力"。这个力可以体现在领导行为中的方方面面。在三国时期也有同样的一个例子，就是曹操"望梅止渴"的典故。

李广和程不识都是中国汉朝名将。但是他们当领导的风格却完全不同，其获得的功绩也不一样。

李广善于广纳贤才，在管理、训练部队时，用恩不用威，侧重以个人感情去接纳、教导部属。因此，李广和他的部下关系很密切。作战时，李广的行军布阵也是不拘一格，以机动性代替当时传统的作战方式。所以，李广即使跟军力远远超过自己的敌军作战，也常常以弱胜强，或者在关键时候，反败为胜。

程不识和李广相反，为人严谨，不善交际，待人严肃，用人谨慎。他带领的部队，等级森严，规矩严密，遵循最严格的训练和管理。程不识的作战风格以坚实稳重著称，几乎没有获得过很大的胜利，但是也从未让匈奴得逞过。

这是两种完全极端的风格，各有所长。程不识的这种风格是汉朝的主流，到了后世，更多的名将名帅适当地调和这两种风格、兼容并蓄，在领导力上就显得更加有弹性！

历史上众多优秀领导的事迹、经历都在说明一个问题：领导力是可以被培养的。前人的经验、自己的努力和积淀，完全可以让你在一个阶段性的时间之内，成为合格的乃至优秀的领导者。关键是理解并用好领导之道和领导之术。

那么，领导力的精要，"力"之所在，到底是什么呢？我认为是诱导！

管理也好，领导也罢，都要讲"以人为本"。而人性的一个重要特征，便是"以自我为中心"。

也就是说，任何不是发自内心做的事，最终的结果都会阳奉阴违乃至适得其反。而对此，权力是无能为力的。当今西方民主选举的一个重要内容就是下到基层，演讲、跟民众互动。因为对于多数人而言，受到尊重的心灵快慰远重于对是非曲直的判断。

作为领导应该明白：部下不需要你去告诉他们什么是对的，你也几乎无法去从是非层面上改变他们的原有判断，作为领导者能做的、应做的，就是利用人性去诱导。让你的部下自己按照你的方向去进行。

能做到这些的领导者，才是真正拥有了领导力。

那么在今天，我们具体应该怎样理解和打造自己的领导力呢？

首先，领导人必须具备优秀的工作能力。这个力也就是踏实的工作作风与工作基础能力，让下属心服口服的能力和凝聚团队的力量。

除了基本的专业工作能力之外，领导者应当特别注意培养自己的记忆能力和学习能力。领导者在日常工作中接触各方面的信息，很多都是需要保存，以便随时提用的。我国老一辈领导者毛泽东、周恩来等都有着过目不忘的惊人的记忆力，这对于他们领导中国革命成功有很大的影响。现在，即使是大数据时代，我们依然不能忽视记忆力对于一个人的重要性。

领导者具有良好的记忆力，是博闻强识、终身学习的必要条件，也是领导者开展和不断改进领导活动的一个重要优势。比如，领导者肯定会面对演讲、宣传的场合，如何让观者跟着自己的思路走，感染他们的情绪？演讲的魅力就很重要。而在讲演过程中，良好的记忆力就能提高领导者的演讲效果。

其次，领导要有解决问题的能力。领导每天都要面临各种决策事项，还要应对种种突发情况，所以，领导力的另一个重要内容就是解决问题的能力。领导要用艺术的眼光与风格有方法地去解决问题，这样才能带给下属信心，才能让下属对于追随你的前途感到光明。而且，解决问题的能力不是与生俱来的，是经过不同的经历与实践锻炼出来的，领导者可以在日常工作中多做总结与感悟，最后形成一套自己解决问题的思路与方法。

再次，领导者还要有发现问题的能力。如果说，解决问题决定一个领导是否具备决策力、判断力和敢于承担责任的能力，那么发现问题就是一个领导的基本能力。解决问题，只是当事情发展到一定程度，不得不采取的应急措施，领导人在自己的组织中，更应该着重发现问题，将问题扼杀在摇篮里。

当然，作为一个领导者没有必要耗费过多的资源去发掘和检查问题。有些领导者创造出快速而又低成本的询问方法。比如丰田公司的"拉灯系统"就是高效检查潜在问题的典型机制。每一次一线员工拉下报警绳生产线停止的时候，并不意味着整个组织都会慢慢停下来。另外，最好的问题发现者将错误视为一个值得学习的机会。因为员工错误地给出警示信号而对他进行严厉批评将会严重挫伤他下次提出警示的积极性。相比而言，找出一个错误警示的成本来遏制员工言论的损失要大得多。

领导者必须牢记发现问题的能力会随着时间而逐步提高，从噪声干扰中识别真正问题信号的能力将会逐步增强。一条信息是否意味着一个严重的问题，经过历练的人将越来越驾轻就熟地做出判断。

最后，领导者还要有好的品质和修养，这是做领导的最基本的条件，也是领导力之道！就像有好的原材料才能加工出优质的产品。一个心胸开阔、乐观向上的领导者可以通过培训开发、复制成功者的成功做法、跟随成功者受其感染与熏陶、结合自己的特点总结经验，并不断地去实践与验证。

总之，真正的"领导力"是需要过程去锻炼的，基本功要扎实，各方面的协调也要出众，"领导力"的角色定位就是一个对上对下的服务者，其工作目标就是让上下都能得到一个合理的满意程度。只有真正意义上的合作、共赢才能体现领导力。

贤者在位，能者在职——道与术的完美境界

领导就是要让他的人们，从他们现在的地方，带领他们去还没有去过的地方。

——美国前国务卿　基辛格

在综合公司的最高领导层中，领导艺术面临的挑战有时候显得难以抗拒。很少有企业能轻易确立并实施合理的战略方针。而在今天的多数情况下，受技术、竞争、市场和经济、政治等诸多不稳定因素的影响，战略决策过程已经变得很复杂。竞争日益激烈使得越来越多的工作岗位需要领导艺术。而公司规模日益综合化使得这些工作岗位对领导艺术的挑战越来越难以把握。

而且，就在不断增加的竞争使得多数公司内部上下需要更高领导艺术的同时，另一组力量也在逐渐增加成功领导的难度。这就是企业成长、经营多样化、全球化和技术进步，它们使得公司的经营活动变得更加复杂了。所以，如何将领导艺术发挥到接近完美的程度，是本时期每个领导者都要面对的

问题！

我国古代最高的人格理想是"内圣外王"。为什么要有内外两面？因为"圣人"虽然以道德教化影响千秋万代，但常乏于智术；而"王者"因功名霸业震惊万民百姓，但略输于道。所以，如果一个人能够做到"道至于圣而术胜于神"那么就是精于韬略，善于运筹的经天纬地之才。

这样的人有吗？有，但肯定是凤毛麟角。所以领导者可以退而求其次，就是将"圣"和"王"分开，让适当的人来做合适的事。用一句古语来概括，就是"贤者在位，能者在职"。

管仲曾说，选人才，一定要审查三个问题："一曰德不当其位，二曰功不当其禄，三曰能不当其官"，这三个问题之所以重要，是因为让品德高尚的人处低位，就是人才的浪费；让品德低下的人处高位，会产生错误的用人导向；无功劳者享受厚禄，有功劳的人就得不到激励；无才能的人任事，有才能的人就会被埋没。

齐桓公本是一代雄杰，在贤相管仲和鲍叔牙的辅佐下，成为春秋时期的第一位霸主，而至晚年则意志衰退，宠妾用奸，好色起佞。管仲病危时，桓公曾问他"群臣谁可相者"？

管仲没有正面回答。

桓公问：易牙怎么样？

管仲说："杀子以适君，非人情，不可。"意思是说，人情莫过于爱子之情，易牙杀儿子做肉羹以取宠，这种人是靠不住的。

桓公又问：那么开方如何？

管仲说："背亲以适君，非人情，难近。"意思是，人情莫大于父母之情，开方以卫国公子的身份来齐国，父母过世也不回国奔丧，这人是不忠诚的。

桓公再问：那竖刁又如何呢？

管仲说："自宫以适君，非人情，难亲。"意思是说，人情莫过于爱己之情，竖刁自阉以求宠，这种人并不是出自忠心。

管仲和齐桓公身边的三位近臣作了分析，认为他们的所作所为不近人情，而是另有所图，不可委以重任。公元前643年，桓公一病不起，易牙、竖刁遂趁机发动宫廷政变，把桓公囚于宫中，最终被饿死。易牙、竖刁秘不发丧，桓公的尸体一直在床上放了67天，无人理睬，尸蛆都爬出宫门之外。

其实，从桓公的遭遇也可以看出，正因为桓公自己年老失德，才会招致小人成为身边的近臣。如果一个国家，一个企业，有贤者在位，自然而然会有能人任职。而如果在位者就是愚鲁之人，那么就算手下有能人，也不能发挥应该有的作用。所以，要想有能人在职，前提是贤者在位！也就是说，现在很多领导者纷纷嚷无人可用，下属无能，他们不妨先看看自己是不是真的有在位之贤？

我国古代，臣下投主上所好导致灭亡的例子数不胜数。比如明朝的严嵩。这个世人眼中的奸臣，不仅是个神童，而且非常有才华，尤其擅长写"青词"。"青词"是一种赋体文章，主要是为了皇帝祭天的时候用，需要用非常华丽的文笔表示皇帝对上天的祈求和诚心。严嵩的青词精工典雅，很得嘉靖的喜欢，因此深受宠幸。以至于严嵩把持朝政数十年，明朝的社会矛盾日益尖锐。

嘉靖帝修道四十余年，宣扬"无为之治"，时时以汉文帝自居，实际上善用权术，用宦官、朝中清流以及严党之间的矛盾和相互倾轧来巩固自己的统治地位。这样的做法看起来很高明，却最终让自己也成为严党糊弄的对象。更大的后果是明朝国力的衰退。所以，嘉靖也许是个很有权谋的帝王，却不是一个优秀的领导。

下面是卓越领导者应具备的九种能力，领导者可以对照自身，只要能以此为目标进修，麾下能人云集，又有何难！

一、信念力

一个没有坚定信念的人，是不可能吸引能人的。在通往成功的路上，会有种种磨难，能人更需要领导的鼓励。如果没有坚定的信念，是很难战胜困难，勇往直前的。

二、规划力

领导者要有能力规划出吸引人的未来，清晰地指出整个团队未来能达成什么目标，激起员工参与的热情，让成员与组织的"双赢"成为可能。

三、目标力

卓越领导者必须要有效认清现在，同时制定切实可行的目标，并且带领团队有效达到目标。

四、影响力

领导者必须具备强大的影响力，因为要改革、要推进新的管理措施，必然会引来强大的阻力或者是不和谐的声音，这时，如果缺乏对他人的影响能力，必将使改革受阻，或者是良好的管理措施不能得到有效的贯彻和实施。

五、人际交往能力

作为领导者，要愿意在建立与保持人际关系上投资，要有能力让团队成员信服，带得动工作团队，而且需要的时候，找得到人帮忙。

六、包容力

身为企业领导，有时候也会被下属、客户、供应商甚至社区等误会。是继续冲撞对抗，还是停下来找出口？你得有包容能力，正所谓宰相肚中能撑船。否则，企业就很难运作下去了！

七、沟通力

沟通是一种自我推销能力，是一种良好的口头表达能力，领导者须具备卓越的沟通能力，因为只有沟通才能消除隔阂，达成默契，最终在执行的过程中，大家步调一致、统一行动。

八、读人力

领导者要想使授出去的权力发挥应有作用前提是他没看错人，一旦读人发生错误，授出去的权力根本就不会发生任何作用甚至还会对企业产生致命性的影响。

九、表达力

领导者必须具备这样的表达能力：能够将组织中复杂的目标和议题，以简单易懂的方式解释给员工听，确保大家对目标的了解一致，这样才能更顺利地进行讨论与计划。

引车卖浆道与术：发现潜在的领导者

如果你的员工具有以下特征，那么可以认为他是个潜在的领导者。

◆具有革新性和建设性。

◆具有面对否定不恐惧的能力。

◆对事物有鉴别能力，具有鉴别好的意见和建议的能力。

◆具有吸引听众的能力。

◆具有获得别人尊重的能力。

◆具有激发人们潜在激情的能力。

◆具有从不断挑战困难中体验成就感的需要。

◆具备承担艰巨任务并坚持到底的毅力。

◆具有忍受孤独的能力。

第二章 顺势而为，因势而变
——恰到好处的领导方式

道——顺之则昌，逆之则亡

道也者何？曰：礼仪辞让忠信是也。

——《荀子·强国》

自古至今，成大事者都具备独特的领导特质和超强的领导艺术，他们精于领导之道，也精于管理之术。在刀光剑影中，能运筹帷幄决胜千里，在日常事务中，也懂得让自己的手下心甘情愿跟随。他们会通过塑造自己以震慑他人，也会巧妙地通过激励、沟通来使所有人热情高涨，他们还能通过自己卓越的口才与独特魅力使组织的利益最大化……所以很多时候，我们不得不承认，一个组织的成功，首先是因为有一个卓著的领导者！

为何卓著的领导之道这样重要呢？原因就是仅是出色的领导，就足以让自由和平等的人们融洽地合作以实现伟大的目标。中国有句老话说得好，"人心齐，泰山移"。一个优秀的领导者，是团队成功的关键因素！

有一个在欧洲流行很广的小故事。

一位儿童教育专家带着一道奇怪竞赛题目，在全英国游走。这道题目很简单：透明的广口瓶里放着五个乒乓球，每个球上都拴着一根线，线拖在广口瓶外面。让五个孩子分别牵住线，以三分钟为限，先把乒乓球提出瓶口者获胜。

当然，瓶口只比乒乓球稍微大一圈。也就是说，瓶口只能让一只乒乓球通过。

这道题难倒了很多参赛的小队。几乎无一例外地，比赛开始后，每个孩子都想方设法把自己的那个乒乓球往外拉……直到比赛结束的哨声响起。

终于有一天，一个小镇上的五人小队，破解了它的秘密。

在开始的哨声之后，这个小队的成员迅速地相继把乒乓球从瓶子了拉了出来，整个过程整齐有序，连一分钟都没有用完。

这位专家非常激动，握着第一位拉出乒乓球的孩子的手向他祝贺。这个孩子却说，是另一位孩子在赛前告诉他应该怎么做。

专家找到这个孩子，他是最后一个把乒乓球取出来的人。其实办法很简单：这个孩子经过观察，发现前面几个小组失败都是因为大家同时想让球出来，所以五个球就卡在瓶口。所以他在赛前私下跟组员沟通，排好一、二、三、四的顺序。他把自己排在了最后。

难倒无数人的赛题就此揭开。其实这是专家在感觉当代孩子过于自我、事事以自己为中心的情况下，故意设计的一道题。为的就是提醒孩子：人跟人需要配合。如果什么事都只想靠自己的力量，是很难成功的。

而这个小队中最后一个把乒乓球取出来的孩子，虽然没有拿到第一，但是他展现了非常优秀的领导天赋。他很好地分析了小组面对的问题，并且以最快速度找到了最有效率的办法，而且，他说服了其他四个孩子，让他们按照自己的想法，按次序把小球拉了出来。

要具备这样的领导力，需要一些必要的条件和能力。

首先，要信任自己的团队。英语中有句谚语，叫作"一个人走得最快，但一群人才能走得更远"。中国也有句俗语，"一根筷子易折断，十双筷子牢牢抱成团；一个巴掌拍不响，万人鼓掌声震天。"现在已经不是英雄独打天下的时代了，领导者必须靠团队的力量才能让组织发展得更快更好。所以，先信任自己的团队，信任的力量能带来让你意想不到的魅力！信任，将使每个人都从中获得进步。当团队成长的时候，也是个人能量勃发之际。

其次，用诚心处世，先人后己。有人的地方就有利益冲突，"天下熙熙，皆为利来；天下攘攘，皆为利往"，领导者比一般部属的责任更重大的地方，就是普通员工可以为自己的名利而工作，但领导者还要为平衡他们的名利而努力！"不患寡而患不均"，这是人群中最容易出现的不满情绪！

领导者不一定是位于组织顶层的人——那是当权者。有很多人在运营一个组织，但他们并不是领导者。还有许多人处于组织的中层或低层，但他们绝对是领导者。

关于领导者这个概念有一个非常清楚的人类学定义：这是一个愿意把他人利益置于自身利益之上的人。如果去考察一些早期智人部落，你会发现领导者的标准之一是致力于群体的利益。比如广为称赞的尧、舜、禹，无不如此。

当刘邦在坝上驻军后，项羽的谋臣范增是这样劝说项羽的："沛公居山东时，贪于财货，好美姬。今入关，财物无所取，妇女无所幸，此其志不在小。"意思是说，刘邦当年在山东的时候，贪财好色。而这次入关之后，既不抢财物，对美女也没兴趣，可见他已经不在意这些普通人的爱好了，这是要当大领导的架势啊，不得不防。反过来也说明，一个有当领导的志向的人，是不会单单为自己的名利而努力的。

实际上，领导者以诚待人，先人后己的收益，比自私自利肯定要大得多！

正如老子所说，天地因为无私，所以成其私！

另外，不论在什么时候，领导者都要有宽广的胸怀。俗话说："宰相肚里能撑船。""海纳百川，有容乃大"。作为一个企业领导，跟政治家的工作，如果说有共同之处的话，那就是都要做到"团结一切可以团结的力量"，也即容人。这是取得事业成功的重要条件。

一个企业领导在日常工作中，会面临各种各样的困难和压力，需要妥善处理各种各样错综复杂的关系；工作上千头万绪，有时还会遇到班子其他成员以及下级干部员工的不同意见，凡此种种，都要求一个领导者要有宽阔的胸怀，要"能容天下难容之事"，能化干戈为玉帛、化腐朽为神奇、化不利为有利，只有这样，一个企业领导才能真正成就大事，办成难事。

领导不同于管理，领导需要真正起到"领而导之"的作用，管理就是要管得住、理得清。好的领导，肯定是个优秀的管理者，但优秀的管理者不一定能够成为好领导。换句话来说，领导的层次要比管理的层次高得多，自然要求的素质和谋略也要多得多。

所以，在企业中，我们看到，真正高明的领导者可以四两拨千斤，处理很多大事，也举重若轻。而与之相反，那些平庸的领导即使手下强将如云，也经常感到无从应付。无他，领导力高下之别！

知识点延伸：容易被领导忽视的管理能力

自我管理，就是一种控制自己情感的能力，目的是以一种可信赖和适应性强的方式表现出自己的诚实和客观。优秀的领导不会因偶尔糟糕的事情而在不确切情况下贸然作出决定。

社交意识包括移情能力和对组织的直觉能力。移情能力往往表现出关心他人的情感，从而在思想上达到共鸣；直觉能力能使人感觉到企业的政治方向，并能够感知自己的行为对企业和组织是否具有消极的影响。

关系管理主要是指在管理中注意运用说服力与他人进行沟通，解决冲突。

纸上谈兵易，行军遣将难——凡事要因势而异

真正困扰我们的并非发生在我们身上的事，而是我们对那件事的看法。

——古希腊哲学家　爱比克泰德

只要是领导者，不论是领导一个小团队，还是领导大组织，都要有一套自己的领导方略、观念、习惯、经验，"价值观——目标——结果"的流程，众所周知。可是，为什么每每说得头头是道，实施起来总是不那么对劲，不是陷入中心混乱，就是方向性被质疑，要么干脆就是目标 vs 方向的大困惑？这时，领导者也许要想想，我们真的对自己的目标清晰吗？我们真的用适当的人来实现目标了吗？

这里先要提到一个问题，就是领导者在调兵遣将上的策略。

我们先来看这样的一件实例。

莫威是一位民营企业的董事长，随着企业的扩张，利润翻倍并没有给他带来太大的成就感，因为他被核心成员的流失搞得焦头烂额。从开始一起打拼上来的弟兄，到目前所剩无几。相比给企业带来的损失和麻烦，莫董事长最不可释怀的，还是那些自己一手带出来的、原来信誓旦旦要一起走到底的兄弟，却一个个地离开了。他说："我觉得对他们挺了解的，但却怎么也想不明白，他们为什么陆陆续续就要走？"

特别是其中一位叫徐凯的，堪称莫董的得力干将，但却跟莫董提出离开。

徐凯的理由是，认为现在的日子不是自己想要的生活，想"趁年轻再闯一闯"。莫董万分不解。他质疑，当年那个满腔热血拍着胸脯跟他闯天下的小伙子哪里去了？

在一次领导力的培训课上，莫董提出了自己的疑问，他认为，徐凯对自己背信弃义，对公司不负责任，这是自己在识才上出现能力不足，不慎碰到了有才无德之徒。

真的吗？慢慢地，随着训练师的抽丝剥茧，问题的真相开始显露出来。

徐凯是个市场经营的高手，这点也是莫董非常欣赏的。的确，徐凯的能力也是莫董手把手培养起来的。对徐凯，莫董有很深的期望，希望他能成为自己的左膀右臂。

但是，这种期望值让莫董陷入一个传统人才培养的误区：他不断给徐凯赋予更重的担子、更高的职位，让他全方位地体验企业管理，努力培养他更高级别的才能。这样，徐凯虽然在企业里节节高升，但是他自己的天赋和才能反而受到了限制，并且影响了他的价值观和对工作目标的认知。这才是徐凯选择离开的根本原因。

其实这样的事在企业里不少见，我们传统的人才观默认，一个人在某个领域获得成功，那么他在更高的领域也能获得相应的成功。而且一个高能力的人，必须在企业等级中占据一个较高的地位。这样就使领导者在调兵遣将的时候，难免出现"高级别＝高能力＝能给员工更高成就感"的粗暴等式。而事实上，员工适合做什么、喜欢做什么和能做什么都是有具体性的，要在一定的制度保障下，因人而异，而不是领导拍脑袋就能处理的。

所以，领导的难处，在于如何处理适度，做到因势而异。

虽然具体到每个企业的问题，肯定是多种多样，面临的人事也要根据具体情况分析，但是从领导自身的修养来看，还是有几点做法，能帮助领导者更好地把握好度，让领导力落到实处。

一、积极反思你的人生

反思可以帮助一个人明白自己的价值与意义，也是避免各种自我作祟扭曲事实的方式。所以，反思是走向成功的加速器。身为一个企业的领导，必须善于反省，明白人生道理，正确地认识自己、判断自己，确立人生价值观。领导者只有不断地自我反省，找到自己的缺点或者做得不好的地方，然后不断改正，才能立于不败之地。

二、把工作与"交情"分开

人都是有感情的。但是领导者在处理工作、分配任务、提拔员工的时候，要做到公私分明。懂得"严格执行各项制度，规范化、标准化管理，才会产生好的绩效"是真理。这样才能维护到员工和企业双方的利益。

王安是来自上海的移民。自幼聪明过人，1948年获哈佛大学博士学位。1951年创办王安实验室，1964年，推出当时最新的晶体管王安桌上电脑，并在其后的20年中，不断创新，事业蒸蒸日上。到1986年，王安公司达到鼎盛时期，年收入30亿美元，王安本人身价20亿美元，跻身美国十大富豪之列。

然而，1986年11月，王安父"虎父无犬子"的心态，不管众多董事和部下的反对，任命36岁的儿子王烈为公司总裁。可王烈才识平庸，加上不了解公司业务，赴任仅一年多，公司财务情况就急剧恶化。王安不得不亲自罢免王烈，另请高明，但公司已经元气大伤，各种隐患也相继爆发。最后，新任总裁终于1992年申请破产保护。

王安公司从巅峰跌入低谷，原因固然非常多，但是在用人上犯的严重错误是非常关键的。任人唯亲，将公司交给业绩平平的儿子，令老臣离心，也把公司推到了负债的境地。这个案例触目惊心，到今天还在提醒领导者：一定要把工作和"交情"分开！

三、随时保证企业内沟通顺畅

沟通是调动人与人之间能量的最实用方式。美国石油大王洛克菲勒曾说："假如人际沟通能力也是同糖或咖啡一样的商品的话，我愿意付出比太阳底下任何东西都珍贵的价格购买这种能力。"

造成领导的想法不切实际或者不容易实施的很大一个原因就是企业中沟通不畅。或者上下沟通不畅，或者平级沟通不畅，或者根本各方面沟通都不畅……人是最容易站在自己的立场看问题的，企业沟通不畅就为领导了解企业内的真实情况带来了困扰。

有效沟通，可以帮助我们获得和谐的人际关系，减少任务在流程中的时间和损耗，还能让我们获得不少意外的支持。所以，一个企业领导就如带兵打仗的大帅，要想运筹帷幄，保证各方面沟通顺畅很重要。

案例链接：不能委托狐狸盖鸡舍

从前，有一头狮子非常喜欢吃鸡，所以它圈养了很多鸡供自己食用。可是，它养的鸡老是出问题，不是被偷，就是跑得不知去向。其实这也不足为奇！因为狮子的鸡舍四面都有黄鼠狼这些小动物掏出来的洞，而且围墙也不高，翅膀发达的鸡都能飞出去！

为了避免损失，摆脱烦恼，狮子决心修造一座大鸡舍。它想，这鸡舍要造得牢固又安全，既要让窃贼绝对钻不进去，又要让鸡住得宽敞又舒适。它亲自丈量土地，又画了草图，然后找了森林里最负盛名的建筑师——狐狸，请它为自己修建鸡舍。

狐狸不愧是一等一的建筑师，在它的筹备下，工程自始至终进展顺利，看得出来，狐狸的确献出了全部辛劳和才智。

等鸡舍落成那天，众兽前来参观，都赞叹不已。鸡舍又高大又结实，外观漂亮无比！里面的设备样样齐全：饲料盆就在嘴边，到处是栖歇的木架，休息的地方既可御寒，又能防暑，甚至还为抱窝的母鸡准备了暗房。狮子看来，十万分满意。为此狐狸建筑师获得了丰厚的奖励。

狮子立刻下达命令，要众鸡即日迁入新居。

可是，搬了新鸡舍，狮子的鸡却依然莫名其妙地减少。而鸡舍看上去的确很牢固，围墙很高也很结实——问题出在哪里？狮子下令让众兽轮班上岗，严加监视，结果，最后抓住的罪魁祸首，竟然是狮子的大功臣狐狸。因为狐狸虽然把鸡舍造得十分牢固，谁也别想钻得进去，但是在施工的时候，它为自己留下了一条暗道！

狮子在修鸡舍的时候千思万虑，却忘了狐狸才是最爱吃鸡的动物！

这个寓言告诉我们，有时候，看似完美无缺的计划，如果选择的时机不合适，委派的人员不妥当，那么会造成什么样的结果，也难以预测。领导者适度领导，要注意形、势、人、物各方面的相关情况，做好均衡，这才是领导之要意！

引车卖浆道与术：像个领导者那样思考

◆在做事前问"我必须做什么？"而不是"我要做什么？"

◆接下来问："我必须做什么，才能做出真正的贡献？"

◆永远不要停止问自己："我的组织的目的和目标是什么？"以及"什么是可接受的绩效并对现实的状况有所贡献？"

◆永远不会思考："我是否喜欢这个员工？"但绝对不容忍糟糕的绩效。

◆绝不惧怕任何拥有自己所缺乏的优点的人。

刚柔并济，宽严相融——行事把准火候很重要

人法地，地法天，天法道，道法自然。

——《老子》

古人曰："宽以济猛，猛以济宽，宽猛相济"、"治国之道，在于猛宽得中。"说的都是领导为人处世，要刚柔并济，宽严有度。

领导宽容，就可以使近者悦远者来，天下归心。《尚书》中有"有容，德乃大"之说，《周易》中提出"君子以厚德载物"，荀子主张"君子贤而能容罢，知而能容愚，博而能容浅，粹而能容杂"，说的都是宽容带来的好处。

领导还必须有威严。所谓威严，不是每天摆着冷脸不苟言笑，领导的威信来自于两方面：一是权利所赋予的；二是以自身能力、品质争取的。换句话说，这是一种人格魅力！曾有一位员工这样推崇他的上司："和他在一起待上一分钟，就能感受到他浑身散发出来的光和热，我之所以卖命努力，是因为他的威信深深吸引我。"其实，几乎每位著名的领导者身上都有一种人格特质，处处展现出威信的风范。他们不但能激发员工们的工作意愿，又能够带领团队屡创佳绩，拥有骄人的辉煌成就。领导者运用强制力来管理员工也许有效，但如果要提高自己的地位和威信，赢得众人的尊重和喜爱，就必须提高自己的威望和魅力而不是用强制力。

我们来看一下，诸葛亮是怎样将宽容和威严运用得得心应手的。

东汉末年，南蛮犯蜀，诸葛亮不愿意在同魏国作战的同时腹背受敌，当

即点兵南征。

孟获是南蛮的首领，在两军第一次交战时就被汉军生擒。当孟获被捆绑着推到诸葛亮面前时，他很不服气，说："胜败乃兵家常事，真有本事你放了我，我们再打一次。"诸葛亮听了之后，也没多说，就下令放了孟获。

后来，第二次交锋，孟获又落入了诸葛亮的圈套。孟获还是不服，说："这是你用计擒我，你要是敢跟我公开明刀明枪地打一场，才算真本事。"诸葛亮笑笑便又命令把孟获放掉了。

汉营大将们有些想不通。他们认为这么轻易地放走敌人，有失汉朝天威。诸葛亮却自有道理：南蛮头脑简单、文化程度也不高，就算能打败多次，如果不能让他们心服，只要汉军一离开，他们又会作乱。所以以力服人将必有后患，只有以德服人才能真正解决问题。

所以，诸葛亮对孟获六擒六放。直到孟获第七次被擒，诸葛亮还要再放了他时，孟获忙跪下起誓：以后绝不再反。于是诸葛亮便委派他掌管南蛮之地。此后蜀国再没有为南蛮问题伤过脑筋。

诸葛亮以攻心为上策，费了很大的周折，其目的是要南方彻底臣服于蜀国，让他的北伐无后顾之忧！孟获本是南蛮首领，他臣服后，让他继续治理部落人民，既保障了南部的稳定，又免去了治理的难度，可谓一举两得。

采取攻心为上的柔性政策，但也不可一味怀柔，所以诸葛亮的柔，只用在放走孟获上，但在"擒获"孟获上，却是刚硬有加。

所以，领导在管理工作中，特别是处理一些相对棘手的人事问题时，要注意刚柔搭配，要做到柔而不弱，既柔且韧，刚柔并济。

那么领导者怎么样才能做到刚柔并济、宽严相容？可以从以下几个方面来考虑：

一、用战略把准领导方向

战略就是规划设计的图纸。战略就是方向，没有战略的领导行为，就没有了方向，搞不好到最后"南辕北辙"，干得越多，对企业的损害可能也就越大。领导者首先应该是设计师，在充分了解企业面临的发展形势和市场走势的基础上，把握企业发展的前景，科学地规划长期领导战略。

二、用流程和制度搭建管理框架

德鲁克曾说过：管理得好的企业，每个人就像是生产流水线上的一个部件，在有条不紊地运作。流程和制度正是企业管理的基础，离开了流程，企业就失去了规范；离开了制度，企业就缺失了对员工的约束力。因此领导要有意识地不断健全和完善各个环节的流程和制度，来筑造企业管理的宏伟框架。

以企业的决策流程为例。决策程序大致可分为发现问题、确定目标、收集资料、制定方案、评估和优选方案、贯彻实施、反馈及追踪检查七个过程。这种划分是相对的，既可以简化步骤，也可以再具体细分，但逻辑循序和科学要求基本是一致的。

而且在整个决策过程中，领导者主要参与四个阶段：发现问题、确定问题、优选方案、贯彻实施。这几个方面对领导者的心理素质、综合能力的要求都比较高，稍有不慎，容易失之毫厘、谬以千里。所以更需要对流程进行持续性完善和细化，并在尊重企业实际情况的基础之上实施。

三、用人性化和文化提供黏合剂

只有流程和制度不能称之为领导，还需要人性化的管理和企业文化。领导要注重对员工真实需求的满足，以此来提高企业的凝聚力和向心力。这就像是建设中的水泥，生活中的空气，没有它，再宏伟的建筑也会轰然倒塌，再强壮的躯体也要窒息而亡。

领导者要清楚，企业和员工是一个利益共同体，如果失去人心，员工没有工作积极性，那么任何的战略、流程和制度都将大打折扣，执行力更是无从谈起。优秀的领导者，肯定是一个能够将刚性管理和柔性管理交融并汇的人，就像一个好厨子，对于大火和文火的把握丝丝入扣！

引车卖浆道与术：领导者的广度和高度

领导者的广度：

◆胸怀宽广。有容人的雅量，能领导比自己某方面能力更强的人，因而能带出一个"狼的团队"，而不是"羊的团队"。

◆学识广泛，经验丰富。知道的东西总是比下属多，预见的事情也总是比别人多，因而总是能把握方向，引导团队朝正确的方向前进。

◆交际广泛，左右逢源。由于心胸宽广，不会轻易发脾气，总是能"开口便笑"，因而容易与领导、同事和下属相处和交流，有利于工作的开展。

领导者的高度：

◆目标高，眼光远。把工作当成事业来做，重视经营个人品牌，珍惜在每一个企业的工作历练，在意企业提供的发展平台。

◆心态高，乐观向上。俗话说"兵熊熊一个，将熊熊一窝"，人的情绪是可以传染的，如果带团队的经理人总是悲观、消极的，那么这个团队必然是无可救药的。

◆思维高，看淡权力，看淡利益。作为领导者，要善于授权，善于激发下属自我实现的欲望；也不争权斗利，做自己该做的事情。

进退有度，顺应市场需求及变化

知人者智，自知者明。胜人者有力，自胜者强。

——《老子》

企业领导者要懂得顺应市场的需求及变化，看起来似乎是一句废话。做企业，谁不知道要考察市场需求，要随时关注市场的变化？难道还有领导者会有意倒行逆施？其实这句话的本意，是提醒领导者，要看清形势，特别是要看清形势背后的形势，在决策的时候要做到进退有度。

现在是市场经济占主导地位，开放的市场带来了自由和竞争，但同时也让各种有用的、没有的、及时的、过时的信息充斥着市场的方方面面。比如，今年猪肉涨价，老百姓一看养猪有钱赚，于是纷纷抱了小猪去养。三四个月后猪出笼，其实这时候猪肉已经不缺了，而且市场上一下子出现好多猪，于是猪肉就大跌。那些满心希望赚到钱的人，能不赔本就不错了。这只是一个非常粗浅的例子，同样的例子到处都有。比如《第五项修炼》中提到的"情人啤酒"的例子，就非常有代表性。

这个例子大致是说：

某地有一种啤酒，叫"情人啤酒"。一个偶然的机会，某流行乐团在新歌中提到了这款啤酒，于是啤酒的社会需求增加了，市场变动由此出现……

酒吧老板发现，一个礼拜固定销售四箱的情人啤酒，居然在本周卖出了六箱。于是他增加了订货量。

第二周，情人啤酒依旧畅销，为了补充库存，酒吧老板又增加了订货量。

　　但是，当送货车来的时候，老板发现，收到的货远没有达到订的量，送货的人解释是因为各个零售店的订货都在增加。

　　于是，为了保证下周货架上还有足够的情人啤酒，酒吧老板不得不再次提高订货量，这时候，订货量已经大大超出了正常的销售。比如一周销售八箱，但是因为货源不足和库存匮乏，老板把订货量提到了18箱（因为实际上拿不到18箱）。

　　而这个时候，经销商也焦头烂额，因为各地的订单都在增加，而库存远远不能满足，他只能一边尽量均衡现货配送，一边拼命催生产商加快生产啤酒。

　　生产方面也忙坏了！这么多订单，但啤酒总有一个生产期，于是全线上阵，加班加点，等啤酒生产供应上订单需求，这时已经过去了几个月，而形势也发生了转变！

　　经过开始那几轮订单轰炸之后，经销商突然发现，他接不到订单了，连着几周的订货量都是"零"！而厂方的货在源源不断地发过来，但原来要货要得很急的那些零售商却都好像不需要了。

　　看着仓库里越来越多的情人啤酒，经销商着急地去找零售商。他找到酒吧老板，问他为什么这几周的订货量都是零，而酒吧老板指着货架上的啤酒说，他现在要先把这些存货卖掉。

　　经销商很吃惊，问是不是啤酒一下子滞销了？老板说，其实啤酒的销售很正常，还是每周八箱，但他要把之前在缺货的时候增加的订单中那些多余的啤酒先销售掉。

　　在这个案例中，啤酒确实因为一首流行歌曲而畅销，但是并没有畅销成经销商和生产商所想象的那样。他们都被订单上的数字误导了，而零售商的初衷只是用大量的订单来迫使供货方满足自己的销售。

　　所以，顺应市场的变化，不是跟风也不是人云亦云，我们可以发现，那些有远见的高明的领导者，往往是和大多数人不一样的，他们要么走在别人前面，善于开拓新市场；要么善于急流勇退，在别人都还头脑发热的时候，就及时收手退出，保留最大的利润。

胆商，是一个人胆量、胆识、胆略的度量，体现了一种冒险精神。胆商高的人能够把握机会，凡是成功的商人、政客，都具有非凡胆略和魄力。无论是什么时代，没有敢于承担风险的胆略，都成不了气候。无论作为领导者、企业家或任何一个想要在事业上有所成就的人，除了智商和情商之外，都要有一定的胆商。

在今日社会，胆商更显示出其特有的作用。对于领导者来说，有时候，其胆识是会对一个组织的生死起到决定性作用的。

顺势之道，善止者不会有危险

大智知止，小智惟谋，智有穷而道无尽哉。

——《止学》

"顺势"二字，看似简单，其实大有玄机，善于把握者可以建功立业，刻意强求者，难免陷入"谋身必至于辱先，作事不足以垂后"的境地。用儒家的观念来说，就是领导者要掌握进退之道，懂得顺势而为，提防过犹不及。领导工作要雷厉风行，需要勇气和开拓精神，但并不是胡来乱干，如果不考虑客观条件，不量力而行，盲目蛮干，就会导致失败。

日本的"山叶"公司是全球知名的乐器公司，"山叶"几乎等于是乐器的代名词，在钢琴产销售方面，它尤其享有盛誉。在业务扩展的初期，该公司的众多乐器如吉他、喇叭、小提琴和电子琴的生产，都受惠于该公司原来所拥有的技术和工人的精巧手艺，获得很不错的口碑。

但随后，山叶公司开始涉足许多不熟悉的领域，如网球拍、电视机、录像机、音响设备、摩托车、滑雪车和游艇等。由于偏离本业开展过量的多元化经营，过速扩张，其管理、技术、经验都呈滞后的状态，1990年以来，山叶公司的利润便出现下降的趋势，一度还陷入了债务危机。

不过幸而公司领导惊魂梦醒，悬崖勒马，在社长上岛的带领下，山叶公司重新调整经营策略，仍然专注于乐器这项核心业务，从而走出困境，重新夺回失去的市场。

作为领导者要善于把握分寸，不可急躁冒进，也不可太过刚性。领导的成败，一定程度上取决于领导者能否恰到好处地决策和取舍。"止"的真意，有时候并不是放弃进取，而恰恰是为了更好地发展！

在领导之道中，"善止"代表在变与不变之间有很大的活动空间，要领导者具体定位，应看条件是否具备和时机是否成熟！另外，也还需要领导者在执行中，在最大弹性范围内应变，灵活运用，当行则行，当止则止。在瞬息万变的现实中，真正做到顺势而为。

顺势而为，关键在一个"势"字，领导者要有一双慧眼，判明大势知进退；要看得清，瞅得准，心如明镜，才会知晓大方向，大趋势，知进退。也要注意一个"顺"字，顺应，顺道，顺利，而不是悖逆，逆反，那样环境不容你，世道不容你，做什么都会困难百倍。有时候，我们看一个人很有能力，也非常努力，但付出和得到就是不成正比。究其原因，往往就是缺了"顺势而为"的悟性，没有在该"止"的时候停下错误的脚步。

有个农民，他从小的理想就是当作家。十多年来，他坚持每天不停地写，不断地给报纸、杂志投稿。但是，他的稿件都如石沉大海，他甚至连退稿信都没有收到过！

他的第一封退稿信是 29 岁那年收到的。那个编辑被他的十年如一日的精神感动，给他的信中写道："看得出你是一个积极进取的青年，你的毅力和坚持确实令人感动，但我不得不遗憾地告诉你，因为你的知识面和生活经历的原因，你的文章总显得过于浅显和苍白，所以我们一直无法采用你的稿件。但是我从你这些年的来稿中发现，你的钢笔字写得越来越漂亮……"

这封信对他来说太珍贵，所以他反反复复地看了很多遍。突然，他想到了，既然写作这条路走不通，为什么不试试看写字呢？他毅然放弃了创作，开始练起了钢笔书法。这次，他的进步非常快。没几年，他就成为国内著名的硬笔书法家。

他叫张文举。

张文举成名后，他的事例对很多人都有不小的震撼和启发。

我们知道，人容易在自己努力过的事情上患得患失不肯放手，经济学上把这叫作"沉没成本"。生活中在站台苦苦等车半小时也不舍得离开，想着也许"下一辆就是"的人，在股市里因为不肯"割肉"而被"套牢"的股民，甚至年轻貌美时挑花了眼的恨嫁女，基本都是这类沉没成本的痴迷者。他们因为对自己已经付出的努力不肯放手，反而让自己在歧路上走得更远。

一些才智过人的领导者更容易陷入这样的"沉没陷阱"：一个正在开发的产品，本来已经没有市场了，但是因为已投入的成本，而舍不得放弃；一个有所偏差的发展方向，因为已经投入的人力物力，即使知道有点偏差，也咬牙继续发展……到最后造成财、物的浪费，甚至让整个企业陷入困境，都有可能。

介于领导者是上位者，更容易接收到的是正面的信息而非反面的反馈，所以，领导者为了能顺势而为，要有非常强大的反思精神。静下心来，问自己下面几个问题。

第一，我的知识基础僵化了吗？发现我越来越难以与变化的技术、市场、创意与概念同步？如果答案肯定，那你得认真考虑下大势和进退。

第二，我的社交网络在拓宽吗？领导力是基于你人际网络的幅度与深度，你需要发现新的人脉与联结关系。如果发现你一直是在跟同一群人打交道，那么也许是时候重新思考你的位置了。

第三，这份工作是否在对我提出更高要求？这既非一个体力方面的问题，也不是一个智力方面的问题。而是在情感方面，是否你内心对日常的工作已不再有那么多投入？如果是，你要思考这将会影响你决策的敏锐力和判断力。

能深刻地反思自己不足的领导，才能在危机来临的时候，第一时间感知到危险，并且将他的团队带离险境。同样地，他也能在机遇来临的时候第一时间感知，并且紧紧把握！这就是顺势而为，善进知止！

领导力测试：你是什么样的领导者

一个企业能走多远，能发展成什么样，很多时候取决于领导者能否在不同的人和事情中调整自己的管理方式。真理向前走一步就是谬误，下面这些问题都是企业管理中经常会遇到的情况，而问题下面的选项也没有特别的正确和错误。但是通过下面的选择测试，你可以知道自己所喜欢的管理方式。

1. 你正计划将你的部门重组，这是新营运策略的一部分，你会：

A. 将企业的需求列为优先

B. 将职员的需求列为优先

C. 试图在两者中达成平衡

2. 在决定一项新策略的时候，你会让干部参与到怎样的程度？

A. 决策是我个人的事，我让他们的参与程度减到最小

B. 让他们全程参与，并且由大家一致做决定

C. 和他们个别讨论，然后由自己做最后决定

3. 如果策略已经通过，并且正在执行中，你会：

A. 继续参与——发号施令，检查进度及其他的修正工程

B. 特别注意维持员工的士气，并处理任何引起他们注意的问题

C. 让他们按部就班地执行，相信他们每个人都知道该怎么做

4. 你的企业面临一项很重要的工程，需要与很多工作小组和管理阶层做联系，在考虑负责人时，你会：

A. 完全取决于我对每个人技巧和能力的评定

B. 与干部们讨论此问题，并和大家达成一致同意的任务分配

C. 权衡该工作计划的需求，针对它所能提供人员的发展机会，在指派任务时尽可能选择能扩展他们工作经验的人

5. 当你要选派一位组员升任组中的高阶层管理职位时，你会特别重视：

A. 他是否具有知识与能力去做当前的事务

B. 他个人是否满意这个职务

C. 他未来的发展潜力如何

6. 在评估工作人员的绩效时，哪一项是你觉得最重要的？

A. 任务完成的结果

B. 与各种人相处的能力

C. 与相关人员共同合作而获得的结果

7. 假设你的一个部下犯了一项极其严重的错误，并且造成你的困窘，你会怎样做？

A. 惩戒相关人员，并且说明再犯的可能性

B. 尽可能温和地跟他讨论，以免伤害他的自信和士气

C. 系统地分析错误并研究出一套避免再犯的计划

8. 你很不喜欢一个并级的同事，但是你还不得不跟他有工作交集，那么你会：

　　A. 直接或间接地向他表明你的感觉

　　B. 将他视为一项挑战并且试图和他交朋友

　　C. 将人际关系界定在"对事不对人"

9. 你把一位杰出人才视为自己的同伴，但是他却辞职加入到竞争对手那边，你会：

　　A. 认为他对你和公司不忠，感到失望

　　B. 期望他在新的工作中大展宏图，并保证你会提供给他良好的参考意见

　　C. 接受他的决定，找出重要的工作，让他在离开公司前将重点提示给新人

10. 你喜欢用什么方法和部下沟通？

　　A. 个别沟通——尽量避免团队沟通

　　B. 经常举行会议，进行团体沟通

　　C. 个别沟通与团体沟通——取决于沟通主题

　　如果你的答案大部分是 A，那么你是一个坚强、具有统理能力的人，你享受领导的乐趣并果断地行动，你总是把完成工作列为第一优先，你也认为员工应注重跨越目标而不计个人利益。你是一位严格的监督者，坚持高水准的表现，你有对工作的狂热。对于必须和干部讨论的情况，你觉得较不愉快，因为你认为领导者也就是执行者，太多的讨论反而会使步调变慢。你的领导能力是受到尊重的，不过有时候你会让人战战兢兢。

　　如果你的答案大部分是 B。那么你是一个典型的"员工导向"的人。你相信团队合作及良好的内部人际关系是获得成功的主要因素。你容许员工参与决策，把自己看成是带头的马车和人员的培育者，而不是命令与控制者，你对人的关心，有时候反而使你疏忽了工作上的需要，从而影响了企业发展

的步伐。你受到下属的普遍喜爱，但是他们不见得很推崇你，有时候，他们希望你在工作上更快、更果断！

如果你的答案大部分是 C，那么你是一个忙碌、实在的领导者。你对部下个人情况的考核是严格的。你认为自己（别人也如此看你）是一个实际的人，获得的成功也都是来自全然的理性。你最大的优点是能果断地行动，并能让人们团结起来。从高阶管理的表现来看，你被认为是非常有能力的领导者。具有成熟而稳重的见解。他们对你保留的地方是，你是否有足够的应变能力，是否足够足智多谋？

第三章　欲管事，先管人
——管理乃战胜人性之道

驭人之道——明其所需，予其所求

愿望大的地方，困难就不会大。

——意大利政治思想家　尼可罗·马基亚维利

人生而有需求！婴儿一落地，只要是健康是生命，就会本能地寻找和吸吮奶水。虽然成年人对需求的表达方式相对复杂，但心理过程大同小异——人需求他所缺乏的，包括物质和精神。所以，领导要想让下属用心工作，为企业做出最大的贡献，就要满足他们的需求。如果一个组织中的工作者，连基本需求都得不到满足，那么谈何凝聚力、竞争力？

根据马斯洛的需要层次理论，每个人自身内部都具有一定的内在需求，潜能的发挥和实现依赖于需求的满足。而领导者要满足员工的需求，首要点在于了解员工的具体需求。而这恰恰是让领导者非常为难的。俗话说人心隔肚皮，除了工资、奖金、激励这些大家都知道的需求外，不同的人往往有各自的个性化需求。如果能掌握这些个性化需求，那么对于领导者来说，管人就会变得很轻松。反之，则常常会力不从心，甚至部下离心离德！

某单位的 MSN 聊天内容因故泄露，里面两位副手的私聊记录让所有看到的人都大为吃惊，第一把手更是惊怒不已。原来，这两位被视为第一把手心腹的副手，在私下里居然对领导非常不满，评价领导只会用钱忽悠人等，话说得也很不客气。他们的聊天记录一泄露，整个单位的知情者对这位领导无不侧目抱以怀疑态度——很简单，一个领导，连他自己的心腹都在背后骂他，那么他的为人和工作能力可想而知。

这件事情虽然后来被压了下去，不了了之，但是这位领导却坐不住了，半年后静静地调离了岗位。

这出闹剧的可悲之处在于，这个领导没有驾驭下属的能力却不自知，反而自以为高明。这样的领导不在这次意外中栽跟头，以后也难保太平！

那么，领导怎样才能真正了解下属的需求？特别是每个人都有的共同需求之外的个性需求？

首先，领导要有设身处地的换位能力。

领导者由于处在领导地位上，想事情、看问题难免习惯从自己的立场出发。如果能有意识地换位思考，经常站在员工的角度去看问题，体验他们所处的真实环境，那么考虑起他们的需求来，就能更贴近他们的真实感受。晋惠帝的"何不食肉糜"的发问，很难说是天生昏庸，有可能是确实不知民间疾苦。这也是上位者必须警惕的情况。

其次，领导要有了解、观察自己部下的习惯和能力。

每个人的性格、爱好、需求都会在他平时的言行举止中，有或多或少的体现。在日常工作中，领导者应该多细心观察他们的一言一行，多留意他们的情绪变化和精神状态的变化。只要真正用心去观察和研究，你会发现他们的内心需求，其实并不难被推断。

当然，领导者还可以以公开的方式去了解员工的需求。这些公开的方式包括意见征集、问卷调查、面对面聊天、励志游戏等，只要能够及时了解他们的想法，了解最新的诉求，这些方法都可以在适合的时候单独或者组合使用。比如在一次聚会中，可以结合几个小游戏来提高团队的凝聚力，加深领导和员工之间的互相了解。

另外，有心的领导还可以通过部下的伴侣、家人、亲戚朋友等人，从侧面来了解他们内心的潜在需求。

总之，世上无难事，只怕有心人。领导在了解员工需求的过程中，最需要的是一颗把每一个员工当成一个独立的人来对待的诚心。只有这样，你眼中才能看到五花八门的各种个性化需求，而不是简单粗暴的"我给钱，你打工"的僵硬思维。

我国传统管理理论认为，"劳心者治人"，说明对于领导者来说，重要的是先用"心"，这是领导之道。在此基础上，才有条件讲用什么方法去"驭人"——道之不存，术无以附！

另外，在了解部下需求的过程中，还有个问题恐怕也是让领导为难的：如何满足那些劳苦功高者的需求？

人跟人的需求不一样。对一个还没有吃饱饭的人来说，给他一份工资，就够让他感恩戴德的了；可是如果一个得力的部下，又是不可或缺的人才，他的需求肯定大得多。这时，领导者要面对的是两个问题：怎样明确他的真正需求；权衡怎样满足他的需求。

为了说明这个问题，我们先来看一个《史记》中非常著名的典型例子。

汉四年（公元前203年），韩信降服且平定了整个齐国。派人向汉王刘邦上书说："齐国狡诈多变，如果没有一个王来领导，局势肯定难以稳定。希望汉王允许我出任齐国的'假王'，暂时统理齐国事务。"

此时，刘邦正被楚军紧紧地围困在荥阳，日夜盼着韩信来救援。当这封请求为"假王"的书信送到刘邦手中时，可以想象，刘邦当即勃然大怒，一拍桌子，正要发火，张良、陈平赶紧暗中踩刘邦的脚，凑近他的耳朵说：目前汉军处境不利，怎么能禁止韩信称王呢？不如趁机册立他为王，好好地待他，让他自己镇守齐国。不然可能发生变乱。

刘邦反应很快，被提醒后，离开故意骂道：大丈夫平定了诸侯，就应该做真王，何必做个暂时代理的王呢？就派遣张良前往，册立韩信为齐王，接着征调他的军队攻打楚军，解了荥阳之围。

刘邦表现出了一个魅力领导的风范：韩信有自立为王之心，这是任何一个领导都难以容忍的，刘邦也不例外。难得的是，刘邦能够从善如流并且快速权衡利弊：韩信称王无法阻止，自己还需要韩信来救援，既然韩信的需求已经昭然若揭，那么就干脆封他为真正的齐王，将他的需求满足，自己也能得到想要的利益。

表面上看来刘邦吃亏了，但是实际上刘邦用一个"齐王"收服了韩信的心。所以直到最后，韩信明知刘邦有杀己之意，但还是不忍自立造反！

这里不是号召领导者都来学刘邦的为人，而是说作为领导者，要自始至终明白一个道理：激励也好，满足需求也罢，其目的都是为了整个组织的利益。如果这点不清晰，不小心就会变成讨好员工，或者分不清什么需求可以满足，什么需求不能满足，什么需求即使自己在感情上不愿意满足，在理智上也必须满足！领导，不仅是要战胜他人的人性，更要战胜自己的人性的弱点！

用人之欲——给猴一棵树，给虎一座山

人之欲多者，其可得用亦多；人之欲少者，其可得用亦少；无欲者，不

可得用也。

——《吕氏春秋》

经常听到领导者抱怨"无人可用"。真的是没有人可以用吗？不会啊，大公司小团队，少则几十上百人，多的成千上万人，怎么还"无人可用"？显然，不是没有人，而是没有把人用到合适的地方，要么人浮于事，要么人不对事，所以工作开展起来难免磕磕绊绊。

我们知道，事情是要通过人来完成的。所以管理的重点在于人，只要把人管好了，事情自然就好做。但管人不是"整人"，不是"骂人"，最高明的领导，不会让下属感觉"被管"——因为人的天性是不喜欢被管的。他们会巧妙地让下属觉得，这些任务都是他们喜欢做的，任务的结果也正是他们需要的！这就是"用人之欲"。

欲，指人的欲望、需求、愿望等。总的来说，是一种生命的内在动力。一个人，如果没有欲望，是很难被长期激励的。所以，用人之欲，不外乎对人的欲望进行了解、发挥和挖掘，然后有区别、有针对性地"用"之。

"欲望"跟"需要"不完全一致。虽然"欲望"和"需要"都是靠行为目标来表达的，但前者解决的是"想要什么"，后者解决的是"要什么"。也就是说，"需要"的目标是具体的、单一的，而"欲望"的范畴更高、更广，而且往往包含人生理想和精神追求等因素。所以俗话说的"给猴一棵树，给虎一座山"，针对的就是"用人之欲"。如果落实到"需要"，就不过是给猴子一串香蕉、给老虎一匹羚羊了！这一点领导者不可不察。

欲望也有消极和积极之分。积极的欲望可以激励下属的工作热情和工作效率，其过程还足以养成良好的工作素质；而消极的欲望导致部分人需求膨胀和扩张，也许短期内能够达到管理的效果，但是时间一长，就会失去作用。因为激励"到顶"了。

　　领导者怎样简单地区分给下属打造的欲望是积极的还是消极的？就看这个欲望是立足于人性的何种特征，如果是立足于人性追求发展、成长的特征，让他在个体养成中完成工作任务和目标，那么几乎可以视为积极的欲望，而如果以完成事情为目的，只着眼于怎么样才能利用人性的贪婪来为做事服务，就是不尊重人的成长，就是消极的欲望，早晚会给组织的发展带来困扰。

　　我们在这本书中一再地强调每个人都是不同的、独立的个体，就像孔子面对三千学生，因材施教，对不同的人采取不同的引导方式那样，领导者也要有"因欲施用"的意识。这样，才能算是真正把领导之道和管理之术良好地结合、运用起来。

　　被称为我国"留学生之父"的容闳，从小接受系统的西方教育，留学于美国著名学府耶鲁大学，学成归国。为了使西方的学术能灌输到中国，帮助祖国文明富强，他向太平天国建言，要建立和发展中国近代军事、政治、文化的一系列主张，竭力倡导发展民族经济、教育事业和实业，以后又与太平天国多次做过茶叶生意。

　　与此同时，他又多次向清政府建言，提出了发展中国近代铁路、水运、矿业、商业、建立国家银行的美好蓝图。曾国藩素有识人之能，并不介意容闳和太平天国的关系，在总督衙署接见了他。并且非常赞同容闳关于"仿照洋人建机器厂"的想法，及时拨发巨款，委派他赴欧美采购机器。

　　多年来一直在异国他乡做着中国富强之梦的容闳，受命之日，十分感奋。次年回国，顺利完成任务，他所购100多种机器，成为第一个洋务企业——江南制造总局的主要设备，为发展中国的资本主义起了一定的促进作用。

　　曾国藩为什么不在意容闳跟太平天国的"交情"？因为曾国藩通过对容闳的了解，知道这个人的动机，不在争权夺利，而在于对祖国深沉的爱，以及希望中国富强的迫切欲望。所以，曾国藩就给他这个平台和机会，让他有一展抱负的余地。而事实也是如此，容闳的一生顺乎历史潮流，与时俱进，为西学东渐、富强国家而不懈奋斗，为中国近代化作出了巨大的贡献。

从曾国藩用容闳的事例可以看出，领导要用人之欲，首先要有识人之能。关于这个内容会在下一节有详细的阐释，此处暂略。

说到人性的欲望，下属有下属的欲望，领导也有自己的欲望。高明的领导不仅能够用好下属的欲望，也能用好自己的欲望。用老子《道德经》的一句话来概括，就是"圣人无常心，以百姓之心为心"。也就是说，领导者要能摆脱自身主观性和政绩观的束缚，扬弃自身的欲望，这样，就可以把组织的愿景和下属的欲望上升为自己的欲望，进而更准确地把握住下属的各种欲望。

知识延伸：员工工作意愿的新法则

肯·布兰佳公司的最新调查"员工工作意愿的新法则"显示，员工有八项需求必须得到领导者的充分关注，员工才能做出最佳的工作表现。如果领导者未能关注这些需求，即使是仅忽视了其中一项，也将无形中"刹"住组织发展的前行。

一是工作的意义：员工需要看到自己工作的意义和价值所在，以及其是否与组织及更大的目标连接。员工需要明白自己的工作是怎样与整体愿景相联系的，组织文化有什么意义，公司的价值是什么。

二是合作氛围：员工渴望在充满激励的环境下工作，他们希望能和其他员工一起，相互合作，获得成功。

三是公平：员工愿意为公平公正的雇主服务，无论是薪资、福利、工作量都公平且平衡，员工之间相互尊重。员工希望感到组织和领导者用同样公平公正的态度来对待他们和客户。事实上，研究表明，造成员工离职的最大原因是他们觉得未受到公正和公平的待遇。

四是自主：员工希望能自主完成工作任务，希望自己有足够的能力和信息来参与关乎自己工作的决策制定。

五是认可：员工需要表扬，需要自己的功绩得到认可。

六是成长：有机会学习、成长、发展技能来实现职业发展，这也是员工的一项关键需求。而且，员工需要感受到自己是职业发展计划进程中的一部分。

七是与领导者的关系：员工希望领导者能与他们分享信息，并能与他们建立良好的伙伴关系。在诚实信任的基础上与员工建立牢固的伙伴关系，这将创造和谐的工作氛围，使员工愿意把工作做得更好。

八是与同事的关系：同上述与领导者的关系一样，与同事之间的良好关系也将促使员工更加努力地工作。

知人善任——金子放错地方就是垃圾

人既尽其才，则百事俱举；百事举矣，则富强不足谋也。

——孙中山

让学文学的去烧锅炉，让学机械的去搞财务……这种做法，就是对人极大的不尊重和对人才的浪费。有研究表明，一个人如果不能在和他的才能对口的岗位上工作，其才能将有30%被无形吞没。你想，一个工程师在研发新产品上或许有卓越的成就，但未必就适合当销售经理！

所以，知人，就是要了解人，对人进行考察、识别、选择；善任，就是要善于用人，对任务、岗位安排得当。知人善任，就是要确切地了解部下，把每个人都安排到适当的岗位上去。安排得当，每个人都能充分地发挥自己的特长、施展才干；安排不当，大材小用固然可惜，庸才重用还会给组织带来不可预测的灾难！所以，知人善任，这是做好领导工作的根本任务之一。

领导用人，要遵循的基本之道就是：天下无不可用之人。

《淮南子》中记载楚国将领子发"好求技道之士"，就是爱结交有一技之长的人。他麾下有个人其貌不扬，号称"神偷"。别人都对他不以为然，子发照样将他待为上宾。

楚国和齐国交战，子发率军迎敌，三次败北。众多谋士、勇将都无计可施。这时"神偷"请战，当夜，他将齐军主帅的睡帐偷了回来。第二天，子发派使者将睡帐送还给齐军主帅，并对他说："我们出去打柴的士兵捡到您的帷帐，特地赶来奉还。"

这天晚上，"神偷"又去将齐军主帅的枕头偷来，再由子发派人送还。第三天晚上，"神偷"连齐军主帅头上的发簪子都偷来了，子发照样派人送还。

齐军的主帅害怕了，他惊骇地对幕僚们说："如果再不撤退，恐怕子发要派人来取我的人头了。"于是，齐军不战而退。

这个事例生动地阐述了老子"不善人者，善人之姿"的道理。这也是领导者必须要领会的"道"。

我们知道，组织的发展不可能只靠一种固定的形态来运作，必须视不同职位的需要，巧妙利用组织成员彼此之间素质的差异，构建科学的团队结构。在会用人的领导手里，只要经过合理的筛选，凡是进入这个组织的人，就必然有他的用处。领导的任务就是合理用人，用人关键是依据每个人的特点，让部下在工作中彼此取长补短又保持多元性。

也许有领导会问：一个部下的优缺点好把握，难的是好几个人，又要一起共事，各自的长处短处还互相有冲突，"知人善任"，知易行难啊！

其实，只要肯真正用心，处理这个问题也不困难。来看看曹操是怎么做的吧。

《三国志·魏志·张辽传》记载，曹操征张鲁前，给合淝护军薛悌一封密函，上书"贼来乃发"。不久孙权率十万众来围合淝，此时张辽、李典和乐进三人共守合淝，众人拆开密函一看，曹操在信中对合淝的防御和进攻作出了周密的部署：若孙权至，张李二将军出战，乐进守城。

其实，张辽、李典和乐进这三位将军"素皆不睦"，然而张辽在曹操的指示下表示坚决出战，以攻为守，此举感动了另外二人，决定放弃个人私怨，愿意听从张辽的指挥，共同抗敌。乐进生性怯懦，过于谨慎，正好适合守城。结果合淝一战，张辽与李典在逍遥津以步卒八百破孙权军十万，创下了史上有名的以少胜多的战役。

这不能不归功于曹操知人甚深，他不仅了解张、李、乐三人平日的隔阂，更对三人的作战能力、用兵特点以及性格修养都了如指掌。因此这封密函不仅调解了三将的关系，又通过适当的分工，使三将的优劣互补，最大限度地发挥了三将在防御作战中的整体优势。

知人才能善任。知人的方式很多，诸葛亮的"观人七法"流传甚广，可以为领导者做一参考。

"夫知人之性，莫难察焉。美恶既殊，情貌不一。有温良而为诈者，有外恭而内欺者，有外勇而内怯者，有尽力而不忠者，然知人之道有七焉：一曰问之以是非而观其志；二曰穷之以辞辩而观其变；三曰咨之以计谋而观其识；四曰告之以祸难而观其勇；五曰醉之以酒而观其性；六曰临之以利而观其廉；七曰期之以事而观其信。"

在现实的领导和管理工作中，领导者们都知道"用人所长"的重要性，但是难以始终如一地坚持原因，往往是在潜移默化中出现"长"、"短"错位。

这种错误，大致体现在以下几个方面：

一是工作任务变化。这是最常见也最容易被忽视的问题。组织中，各种任务交替出现，虽然分工越来越细，但也不能保证任何人的工作都不是一成不变的。所以，当工作任务本身发生变化以后，可能就会出现人与工作的不匹配。

二是领导观念的偏差。这是最不容易被领导注意的问题。

实际的用人过程中，由于领导者认识水平、认识习惯、认识偏好等主观因素的影响，有时会出现通常所说的"晕轮效应"。就是有的部下，领导怎么看都顺眼，而有的人怎么做领导都不合意。这样就会导致人才安排的错位。

三是部属能力改变。人的能力也是一个可变因素，有些部属在组织的培养和自身努力下，各项能力也逐渐提升；也有一些人不思进取，满足现状，实际他的能力在下降。领导者必须随时察觉这种现象，进行相应的调整，以免出现人浮于事和人才流失。

总之，领导要时刻关注人员的安排和支配问题，了解并且将合适的人放到合适的岗位上。还要用动态的眼光看待部下之优点和不足，根据出现的各种变化及时调整用人策略，实现始终如一的知人善任、用人之长。

引车卖浆道与术：下属性格区分和适用之道

1. 能言善辩的下属，反应敏锐，见解精妙，但是往往因为性格漂浮不定而在涉及根本问题时，反而出现遗漏。这样的人可以做策划、顾问等职位。

2. 喜欢标新立异的下属，适合具有开创性、内容新奇多变的工作，常规工作常常会让他们心生倦怠。

3. 行动果断、决策力强的下属往往为人光明磊落但不够谨慎，很容易疏忽小事。

4. 性格倔强又坚定的下属，能遵纪守法，约束别人并做到公正，是负责规章制度的不二人选，但不要让他们去变革。

5. 宽厚的下属强于精神道德，知识面广而且优雅怡人，很有亲和力，可以用来引领组织的行为举止，但这样的人往往行动迟缓，不容易紧跟形势迅速应变。

6. 好学上进的下属志向高远，不甘于落人后，太没有挑战性的任务会让他们失去工作热情。

7. 随机应变、擅长谋略的下属，善于取悦他人，却不愿意显露真实想法，常常表里不一，可以安排机变性质的工作。

8. 性情质朴的下属，行事直率，可以信赖，但是有时会难以调停指挥。

以上八点，只是概括，具体行事，还要细分！

人心齐，泰山移——凝聚力越大，企业越有活力

我们以为自己是理性的，我们以为自己的一举一动都是有其道理的。但事实上，我们的绝大多数日常行为，都是一些我们自己根本无法了解的隐蔽动机的结果。

——法国社会心理学家　古斯塔夫·勒庞

员工不干活、工作不上心、遇事看着办、出事绕着走是大多数企业、团体存在的现象。领导者面对下面的人用尽心机，各种"大棒加胡萝卜"，但是往往见效甚微。员工们还是各行其是，部属们也是遇事推诿，有位老总曾经在课上叹息："我现在一听到下面的人说'这不是我的责任'，就觉得心在

流血。"

不能说领导不努力。什么"人本管理"、"精益管理"、"平衡计分法"、"日清管理"……国内国外的成功管理经验学了很多，但是真正有效果的非常少？往往是新鲜两三个月，又回到老路上。更何况现在大多是知识性员工，简单的激励和奖惩很难真正激发他们的动力。

现代社会已经远不是领导可以一个人打天下的时候了，组织比任何时候都需要团队凝聚力。甚至可以说，有凝聚力，这个组织的资金、厂房、办公楼等硬件才能发挥应有的作用！

可是，恰恰是凝聚力这个问题，让很多领导束手无策。

我们都知道"人心齐、泰山移"这句古话，可是，怎样才能让"人心齐"？尤其是在个性越来越彰显、需求越来越多样的今天？

其实，如果从人性的角度来分析，人并没有那么复杂。"性相近，习相远"，老祖宗早就告诉过我们，人的本性相差不大。总有一些东西是不会随着朝代更替、社会变化、科技发展而改变的，比如人对真善美的追求，对被尊重、被需要的渴望，对快乐、幸福和舒适的需求，对成就自我的需要等。

所以，可以说，不论你面对的是什么性格、什么学历、什么经历的部属，在理论上，你都可以通过对人性的把握，来提高组织的凝聚力。

我们先来看一个例子：

张总面对一个新任务，在思考合适的人选，最后他把这个人选定为副手江经理。但是张总知道，另一位副手王经理论能力论实力，都比江经理强，只是他目前的手头有很多工作，很难分神。但如果直接给江经理委派任务，王经理很可能会有想法。但是目前除了江经理，又没有更合适的人了。

所以，张总先把王经理叫来："你看看啊，这又出新任务了，还是必须要加急完成的。这个活咱们公司你干得最顺手，你看能接下不？"

王经理一看就开始叫苦："老总，我手头多少事您不知道谁知道啊，上个月新人培训也是我们部门揽了，再加工作，我真吃不消了。"

"是啊，我也知道你忙，可是我想来想去，也就你合适啊……要不你看看还有谁能接这个任务？你原来做过人事，对公司的人员比我更了解。"张总顺着王经理的话说。

王经理认真看了看文件，沉吟着说："小江上次做过一个类似的案子，反响还不错，是不是让他试试看？"

张总说："行，你举荐的人我放心。那就这样，你把这个案子带去给小江，就说是你推荐让他接的活。让他有什么困难向你请教。"

王经理说："请教不敢，有需要我帮忙的尽力就是。"

于此，这个任务按照张总的原定目标交给了江经理，而且还让王经理也很满意，并且促进了王经理和江经理之间的关系。

人性中有需要被肯定的一面，所以即使任务不派给王经理，张总也要当面肯定他的能力。

人潜意识中捍卫自己的尊严，所以让王经理自己说出不接任务，让给小江，比领导直接说"你太忙了，这个任务让小江来完成"的效果不知道要好多少倍。

人也有施恩于人的喜好。所以让王经理带任务给江经理，也满足他提拔人的欲望。而当江经理知道这个重要的任务是在王经理的建议下才委派给自己的，那么他跟王经理的关系无形中就加深了一层。如果真的碰到问题而且王经理帮了忙，既促进部署的团结，也提高了江经理的业务能力。

所以，只是一个简单的委派任务，在善于运用人性的领导手里，就是提升团队凝聚力的机会；而在一个管理方式僵化粗暴的领导手中，可能会造成两个经理之间隐性的矛盾！

当然，举这个例子，只是说明要提升团队凝聚力，需要领导研究人性，并且时时刻刻关注部属作为一个自然人和社会人的各种需求，甚至包括一些不那么好的需求——嫉妒、自私、猜疑、小气等，如果用得好，这些人性的阴暗面，也是提升士气的因素。"背水一战"不就是利用人怕死的心理，才激发出巨大的潜能的吗？

但是，领导者对于人性、人心的把握，切忌堕入权术的误区，认为可以将部属掌控手中，靠一点技巧就可以将人玩弄于股掌之间，有这样心思的领导早晚会落入自己挖掘的深坑。术和道之间的平衡，就在于术不可不知，但不可全用，道、术要相辅相成，道中有术，术中有道，才能阴阳相生，生生不息！

案例链接："合则两美"——胡林翼和曾国藩的领导力

咸丰年间，曾国藩在江西率湘军主力与太平军作战，战局非常不利。湘军水师被分割成两块，无法呼应，而且陆军主将塔布齐也因为九江久战不下而呕血身亡。此时，曾国藩身边只留下一个罗泽南可用。

罗泽南的兵力是曾国藩的湘军赖以起家的基础，他本人也是个肯办事也能办事的人。但罗泽南同样是一个非常有自己想法的将领，面对江西困局，他认为曾国藩把主力放在江西，根本不可能有什么作为，武汉才是东南大局的枢纽，若能攻克武汉，九江就能不攻自克。因此，他要求回师湖北，去开辟一个新局面，并且要求曾国藩再为他增加一个营的兵力，以壮其远征之势。对曾国藩来说，这个要求等于要抽空湘军主力。

曾国藩的好友刘蓉听说这件事，跑来劝说他："您不能放罗泽南离开。本来在江西，您依靠的部队就是塔布齐和罗泽南，现在塔公已死，如果罗泽南再走了，万一有什么轻重缓急，您还能靠谁？"

但是曾国藩答应了罗泽南的要求。他不但让罗泽南离开，而且将原来属于塔齐布的三个营也交给罗泽南。回头对刘蓉解释："从东南大势来看，我现在困在江西，的确没有任何好处，如果罗泽南有幸攻克武昌，那么天下大势还有回转的余地，我即使困在这里，也觉得光彩。"

于是，罗泽南带着自己的七个营和塔齐布的三个营共五千余人，去了湖北。全是湘军骨干。这一走，意味着湘军的重心从江西转移到了湖北。当时镇守湖北的是湘军的二号人物胡林翼，得到罗泽南这支精兵，是真正的如虎添翼，之后夺武汉、攻九江、进军安徽，靠的都是这支力量。

而曾国藩在罗泽南离去后，在江西左支右绌，最后不得不丢下军队回家守制，跌入人生的最低谷。

但是，胡林翼非常清楚，曾国藩当时让罗泽南离开的举动，对曾自己意味着什么。所以对曾国藩非常感激。虽然这时他已经是湖北巡抚，也是事实上的湘军统帅，但从来没有想过要取代曾国藩，反而一心一意维护曾国藩的位置，而且多方努力请曾国藩重新出山统帅湘军。曾国藩重出后，胡林翼又倾湖北全省财力、物力，支持曾国藩的军事行动。即使在湖边省财政压力比较大的咸丰九年，也一分未减。曾国藩后来说，正是因为胡林翼"事事相顾"，自己才能得以有今日。而胡林翼却并不觉得自己有什么功劳。

要知道，胡林翼年轻时也是一个恃才傲物之人，是担当了镇压太平天国的重任之后，才成长为一个"揽过于己而推美于人"的有领导气质的人。这跟曾国藩对他的影响不无关系。

而回头看曾国藩和湘军，湘军最早是地方团练，可以说不过一些乌合之众，没有专业的训练基础，也没有国家资源的补给；而曾国藩是一个文人，既没有学过军事指挥也没有打过仗，居然能在很短的时间内，把一支非正规部队打造成那个时代最有凝聚力和战斗力的部队，不得不说，这是曾国藩过人的领导力所致。其最突出之处，就在于用人！他在跟胡林翼"合则两美"的佳话中，曾国藩用人之能力可见一斑。曾国藩赠给胡林翼的对联："舍己从人，大贤之量；推心置腹，群彦所归"，又何尝不是他自己为人的写照？

领导力测试：你的工作适合你吗

一个人除了通过工作获得维持生活的薪水外，还需要获得成就感和满足感。但一个人在某个工作岗位工作，并不一定就意味着他能从工作中得到满足，也许他选择的根本就不是适合他的工作。现在，每年都有无数人因为备受挫折或是感觉工作无聊而"跳槽"或者离职。你的下属现在的工作，是他们希望的、热爱的吗？他们的工作岗位适合他吗？下面的测试可以帮领导了解下属的工作需求。当然，领导也可以自测，看看你的工作适合你自己吗？测试问题以"是"或"否"来回答。

1. 你以前总是计划要从事你现在的工作吗？

2. 你现在所从事的职业带给你的满足和当初所期望的一样吗？

3. 假如回到从前，你仍会选择此职业吗？

4. 你会鼓励你的孩子从事你的行业吗？

5. 你认为你的职业能充分地让你发挥天赋吗？

6. 你所受的教育和训练和你目前的工作相符吗？

7. 你的工作能给你增进知识和技能的机会吗？

8. 你认为你的工作是有趣且富有变化的吗？

9. 早晨时你期待去上班吗？

10. 你通常是早到办公室的人之一吗？

11. 你通常是傍晚最后离开办公室的人吗？

12. 你通常回到家时会感到工作做好了吗？

13. 你晚上或周末会带公事回家吗？

14. 你喜欢在上班之外谈论你的工作吗?

15. 度假之后重新回到工作岗位上,你感到高兴吗?

16. 若是你离开目前的工作,你会再找一份相同或者类似的工作吗?

17. 你和老板处得好吗?

18. 你是否发现大部分的同僚和你意气相投?

19. 你在办公室之外和你的同事们处得好吗?

20. 对你自己的工作目标是否十分清楚?

21. 你是否觉得在工作上有足够的权威?

22. 你是否大致满意自己的收入?

23. 你的工作是否有良好的升迁机会?

24. 这份工作的福利是否令你满意?

25. 你觉得你的工作是相当安全或者带给你安全感的?

26. 你是否觉得自己的能力受到赏识?

27. 在你的组织中,绝大多数时候都洋溢着友善的气氛?

28. 你是否参加公司的社交活动和体育活动?

29. 你认为你的公司领导是一位好雇主吗?

30. 你是否会向正在找工作的朋友推荐你的公司呢?

31. 在工作一天结束后,你是否有匮乏的感觉?

32. 你是否会因担忧工作而在晚上无法成眠呢?

33. 你经常上班迟到吗?

34. 你是否会觉得自己的午休和用餐时间过长呢?

35. 你是否总在办公室外找机会耗时间?

36. 你是否认为经常闲聊是休息的好方法?

37. 在这个工作岗位上,你曾装病逃避上班吗?

38. 你是否发觉酒可帮助你调适工作上的压力?

39. 你是否服用镇静剂来安定神经？

40. 你是否主动寻找其他的工作或者已经有这个打算？

测试答案计算法：

问题 1～30 题，回答"是"得 5 分。

问题 31～40 题，回答"否"得 5 分。

分数 160～200 分：

你对自己的工作与职业相当满意，同时对你的雇主也很忠诚。你觉得工作具挑战性，丝毫不会让你失去狂热，借着工作你的智能日益增长。

分数 105～155 分：

你从工作中获得许多满足，当然你选对了工作，只不过在现况中仍有一些因素在干扰你或使你感到挫折。通过这个测试，你可以找出它们并处理，以让自己在工作中更加游刃有余。

分数 60～100 分：

你对目前的工作极不满意，而且你很可能并不适合这份职业。如果要你要重新开始，一定要考虑年纪、资格、家庭状况，但如果你有市场性与机动性，至少就应考虑作个改变。看起来，你现在的工作对你来说，简直像一座牢狱。

分数 55 分以下：

你真的是工作、生活在极其不快乐的状况下，你从各方面均无法获得满足，如果你有机会从事志趣相投的工作，好好把握它！不然的话，可在工作之外培养广泛的兴趣，以便给你一些工作中所缺乏的刺激。

第四章　领导就是布道者
——从无极到太极的博弈之道

企业领导的观念，决定企业的命运

　　每个企业家都有自己的特色和风格，但他们还是有一些共同的特征，那就是有正确的判断力，有野心、决心，敢于冒险创新，勤奋工作又贪婪，也会惧怕困境而需要依赖运气。最糟糕的企业家就是自以为是的企业家，这种人一副假道学，并自以为舍己为人。

——詹姆士·高史密斯

　　我们身边，每天都有许多新的企业诞生，也有许多企业走向衰败和消亡，如果稍微用心研究一下这些企业的发展史，有时候会让人陷入沉思：为什么有些企业能够发展、壮大甚至基业长青，而有些企业却昙花一现，也有的企业曾经辉煌，却终于归于沉寂？

　　到底是什么决定了企业的命运？管理、资金、技术、质量、服务、品牌、文化……这些方面无疑都很重要，但是决定企业生存和发展命运的关键因素只有一个，就是观念，是掌舵人的个性特质！

其实，在我们这个同质化越来越严重的社会，并不缺产品和项目，关键是领导采取了何种思想价值。领导的观念，决定这个企业能走多远。

"张瑞敏砸冰箱"是个管理界被讲烂了的案例，但还是值得再引用一遍。

当时是 1985 年，张瑞敏刚到海尔（时称"青岛电冰箱总厂"）。他派人把库房里的 400 多台冰箱全部检查了一遍，发现共有 76 台存在各种各样的缺陷。当时一台冰箱的价格 800 多元，相当于一名职工两年的收入。于是很多人提出，也不影响使用，便宜点儿处理给职工算了。而张瑞敏说："我要是允许把这 76 台冰箱卖了，就等于允许你们明天再生产 760 台这样的冰箱。"所以他宣布，这些冰箱要全部砸掉，谁干的谁来砸，并抡起大锤亲手砸了第一锤！很多职工砸冰箱时流下了眼泪。然后，张瑞敏告诉大家——有缺陷的产品就是废品。

这样做的结果就是，三年以后，海尔人捧回了中国冰箱行业的第一块国家质量金奖。

一般讲这个案例，都是侧重张瑞敏对质量的重视，但是如果提升到领导者的观念这个层次来看，很显然，正因为作为领导者的张瑞敏有这样的观念——"有缺陷的产品就是废品"，并且身体力行地在组织中推行了这个观念，而且得到了员工的认可，才在全企业带动一种重视质量的风气，也就是一种企业文化。

针对这个案例，领导者不妨反观自身：当你在企业内推行一项政策的时候，这项政策真的是你自己的观念，还是只是一种"管理策略"？

"道"，它本身是个看不见摸不着的东西，只能悟，没有现成的流程可以遵循，但"术"却是可以归纳、总结、推行的，一个优秀的领导者，要做一个布道者，而不能像江湖上卖艺的人，只是玩弄"术"。因为"术"只能解决眼前的问题，而"道"处理的却是决定企业命运和方向的大问题。

正如张瑞敏看似一下子砸掉了六万多元，怎么看都不是一个合理的管理的手段——管理的目的是用最小的付出获得最大的利润。但是从长远来看，张瑞敏这76台冰箱砸得太值了，因为他通过这笔看似浪费的支出，改变了员工对质量的认识，也就是说，他成功地做到了"传道"。一旦"道"被认可了，下面的管理就顺理成章了。

不妨试着想一下，如果张瑞敏发现冰箱有质量问题，然后同意把冰箱打折处理，再在企业里推行一套严格的质检制度，并且跟奖惩严密挂钩……结果会怎么样呢？这不就跟很多企业的做法一样吗？

所以，为什么有些企业能够从小做大，还做成世界品牌，而有些企业开始资金、人员都不错，却越做越小，最后面临破产倒闭，这不是管理手段不够多，而是领导人的眼界不够远，心胸不够宽，观念不够高。

我们再从一个普通的员工来看，领导者的观念不同，带来的后果会有多么不一样。

杨丽菲来到北京打工，先进了一家家常菜的馆子。在接受培训的最后一天，领导给新员工训话，强调每个人要坚守岗位、认真负责，奖惩都会落实到人。小杨牢牢记住了。

上班第一天，小杨为一桌东北客人服务，席间，有个客人不小心把一盘京酱肉丝碰到了地上，小杨本能地想要去收拾，可是一想，自己的工作职责是为客人传菜、倒酒水饮料、换毛巾、穀碟……不包括打扫地面，而且那个是保洁阿姨的工作啊。所以小杨就站在自己的位置上没有动。

过了五分钟，做东的那位客人忍不住了，叫来领班说："你们的服务员是死人啊？这么大盘菜扣地上了，都不晓得收拾！"领班赶紧叫保洁来收拾，并且换了个服务员来，接着把小杨骂了一顿。

小杨上了一天班就被炒了。但小杨非常委屈——她的确是按领导的要求做的啊！

小杨又到另外一家火锅店应聘，这是一家连锁店，在业内非常有名，口碑极好。在培训的时候，第一天，领导就来了，讲了半个小时的话，核心就只有一句："让顾客满意！"我们的宗旨就是让顾客满意，不管我们做什么，做得如何，都用顾客满意与否来衡量……小杨明白了！经过半个月培训，小杨上岗，而且顺利地一直做了下来，年底还加了薪。

同样的一个员工，为什么在两个餐馆的遭遇如此不同。其实不是员工有问题，而是领导在传达企业文化的时候处理方式不同。第一个领导强调忠于职守，是好的，但是无形中有"只要管好自己的事"就行了的意思；而第二个领导抓住餐饮业的核心问题，"客户满意度"，所以把很多工作中可能出现的误解消解于无形。

所以，就从这样一个小小的工作交代都能看出领导对企业命运的影响。所以那些起步的时候资金人员都不突出，但是在很短的时间就能做得风生水起的企业，往往都有一个强大、坚韧、有远见的领导人！他们头脑清楚、观念开阔，敢为天下先，所以能带领一群人把路越走越宽广！

案例链接：让技术工人成为销售骨干的领导魅力

村井勉从住友银行转到东洋工业的时候，东洋工业正面临经营不善需要裁员的境地。但村井勉不同意裁员，他提出，将多余的约五千一线技术工人派至经销商，承担销售工作。这个说法一提出来，马上受到工会强烈反击。但是，村井勉一步也不肯后退。其实他也没有路可退。这已经是东洋工业重建的最后关键时刻，他必须活用 AM 制度。

所谓的 AM 制度，是村井勉在住友银行任常务董事时开始实行的一项制度，其核心就是把因业绩恶化而产生的冗员派遣到经销商去。这次，村井勉打算再次在东洋工业使用这个制度作为重建的关键性措施。

村井勉拼命地说服和解释：这回的派遣并不是要将冗员送出去，而是为了扩大日本国内市场的占有率，强化经销商的阵容，让员工能亲身体验市场的要求。

工会知道村井勉一心一意投入现场，不论他的想法看起来多么荒谬，但他追求公司的重建的诚意是毋庸置疑的。终于，在村井勉诚意的感动下，工会接受了他的建议。

五千名员工被配置到全国各经销商的据点。他们都是在工厂从事生产的技能工，平时每天打交道的就是螺钉、螺帽，日常熟悉的工作不外乎车辆的组装和调修。让这样的五千人去从事销售，说实话，村井勉心中也没底。但是他有一个信念，就是一定要把公司挽救起来，哪怕非常辛苦，也要达成目标。

为此，村井勉在拜访经销商的时候，只要时间允许，他就会跟那些员工一起吃饭，至少也抽时间跟他们见面，适当地鼓励他们，犒赏他们。并且坚持跟员工们通信。所有的努力，都是为了更好地沟通情感。

村井勉的努力获得了回报。虽然在严酷的现实情况下，那些对销售活动既不熟悉也没有信心的派遣员工们，开始慢慢地改变了自己的想法。村井勉也亲身感受到了被全体员工信赖和依恃的责任和压力，当然，更多的是对未来的信心和动力！

半年的任期很快就过去了，统计业绩的时候，全公司都惊讶地发现，这些原本满身沾满油污、只懂技术操作的工人们，居然获得了比专业的业务员更好的销售成绩！

派遣员工回到公司后，销售成绩前三十名的人受到邀请，带着他们的太太来到大饭店，接受对他们辛勤劳动的报答和嘉奖。村井勉在宴会上再次感叹："生意是用心的工作。"

村井勉用自己的诚意，换回了员工的信任，也给了他们工作的信心。其实，这些完全不懂销售的员工，要争取到一张订单，不知道要花费多少辛劳和努力。可以说，每一单背后，都有非一般人所能想象的困难。

但是，正所谓真心可以换真情，正由于这批员工在村井勉的感染下，用真心去工作，所以也换回了客户的感动和信任。卖出一台车的时候，客户受到感动，就会介绍其他人也来购买。正是这样的连锁反应创造了让人吃惊的销售实绩。

就这样，村井勉采取掌握员工心理的现场主义，与全体员工一起，顺利地完成了东洋工业的重建。

村井勉从住友银行转到东洋工业（现在的马自达）、朝日啤酒，以卓越的经管手段，道术结合，成功地处理了两公司的重建，并获得"重建男"的美称。

提供"平台"，而不是提供"拐杖"

不是头衔荣耀人，而是人荣耀头衔。

——意大利政治思想家 尼可罗·马基亚维利

领导要为员工提供平台，这个已是管理常识。企业与企业之间的竞争归根结底是人的竞争。如何有效地激发员工的积极性，使员工更加忠诚于企业，尽心尽力地完成工作，让员工与企业共同成长是每一个企业领导者希望解决而又频繁不得要领的一个问题。

但这是不是说只要建立一个企业，有了相对舒适的工作空间，合适的薪酬，就算提供"平台"了？显然不是。虽然我们说，领导的观念决定企业最后走向成功或者失败，但是，一个组织目标的达成，是靠全体员工的共同努力完成的，绝不只是某几位优秀的领导者就能包打天下。即使能制订出完美的工作计划，也不能保证任务的顺利完成，因为，不论多么完美的计划，最后都需要靠人来执行，靠人来实现。

所以，领导者必须思考这个问题：如何让员工按照企业的需求成长为成熟的职业人，而最好能同时满足他对自己的需求。

在不少企业，特别是已经经过早期奋斗进入中期稳定发展的企业中，很容易看到这样的现象：这类人对企业的薪酬福利很敏感，斤斤计较眼前的得失，会经常抱怨公司政策不合理、制度不规范、领导太抠门、员工没自由，在这样的心理支配下，他们的工作效率自然是一落千丈。也有一类人，他们干劲十足，工作能力也强，但是由于企业工作职能的日渐固定化，他们的兴奋点慢慢会转移到其他方面，他们往往热衷于培训和进修，不断历练自己的技能和功夫，如果企业不能提供给他更合适的职位和空间，他们就会向外寻找发展，也就是通常所说的"跳槽"。

由此，我们不难理解，企业战略发展的规划需要符合自身的发展需求，能够给予各种人一个自我成长的平台。领导者怎样才能为员工提供符合他们各自发展的平台？

首先，领导要有甘做绿叶的心态。中国有句古话叫"九五之尊"，这个"九五"，来自《易经》的说法。易经卦象共六个爻位，以乾卦为例，从下往上数，分别是"初九"、"九二"、"九三"、"九四"、"九五"、"上九"。其中，"九五"是第二高的位置。为什么不说"上九至尊"？这是要人们记住物极必反、高处不胜寒的真理。放到企业领导者身上，也就是说，领导者不要高高在上，要懂得为部下让位，为员工谋利。将自己放在"九五"的地位，一本天理民情，做到刚柔并济，看似无为，其实无所不到位，才是合格的领导，优秀的平台。

其次，领导要为团队的不同成员设计有阶梯性的成长道路。既然有员工热衷于计较眼前的得失，那就让得失、薪酬、福利都成为切实看得见摸得着的东西，激励具体工作的成绩。既然学习和发展是员工的需求之一，那么就在企业中设计有进步性质的岗位提升制度，让员工在自我提升的过程中，也获得自我成就感和满足感。关于这一点，其实有一个可以借鉴的做法，就是角色扮演游戏当中的升级制。多少游戏玩家痴迷于等级的提升，而不惜夜以继日地打怪升级，是纯粹为了新技能和新道具吗？不完全是。那种经过努力后获得成果的成就感，是推动人不畏辛苦的根本动力。如果领导能够把这种动力很好地运用在工作任务中，那么激励员工、收拢人心都不是很麻烦的事了。

在这里，肯德基的员工培训体系也许可以为领导者们提供一些借鉴。

学习与成长的相辅相成，是肯德基管理技能培训的一个特点。目前肯德基在中国有大约五千名餐厅管理人，针对不同的管理职位，肯德基都配有不同的学习课程，比如，当一名新的践习助理进入餐厅，适合每一阶段发展的全培训科目就已在等待着他。

最初，他将要学习进入肯德基每一个工作站所需要的基本操作技能、常识以及必要的人际关系的管理技巧和智慧，随着他管理能力的增加和职位的升迁，公司会再次安排不同的培训课程，以适应职位的需求，包括未来可预见的职位提升的所需技能。

当一名普通的餐厅服务人员经过努力，成长为管理数家肯德基餐厅的区经理时，他不但要学习领导入门的分区管理手册，同时还要接受公司的高级知识技能培训，并具备获得被送往其他国家接受新观念以开拓思路的资格。

除此之外，这些餐厅管理人员还要不定期地观摩录像资料，进行管理技能考核竞赛等。

可以说，肯德基的员工培训体系具备了系统性、长期性、多样性、独立性和岗位性的特点，为不同需求的员工提供了学习和发展的可能。

当然，文武之道，一张一弛，领导在提供平台的同时，还要注意不要无形中做员工的"拐杖"。我们相信，没有领导有意要做"拐杖"，都是不知不觉成为"拐杖"的。要么是看下属做事不合自己的意，自己拿来做好了，那么下属乐得轻松；要么是在分配任务时没有把好度，让"猴子"总是跳回到自己身上来，无形中，就被下属当成"拐杖"了。

比如，领导布置一个任务，接到任务的那个员工带着问题就过来了：这个怎么做？那个如何处理？领导这个时候其实心中已有答案，随口一指导，长此以往，下属就会养成不推不动的坏习惯。

还有一种可能，领导心中没有答案，但是下属来问又不好不答，于是说，等明天答复你。下属很轻松地回去等消息，领导忙了一天的工作，还要为下属解答问题。不答还不行，第二天一上班，下属就会来问：领导那个什么事怎么做啊？于是工作这个"猴子"又跳到领导自己的身上了。

要避开问题也不难，只要有点小技巧就行了：不论下属来问什么，一定让他们自己拿出答案来，领导做选择。永远不要给你的下属答案，让他们自己找出答案，这也是帮助他们成长的有效手段之一！

做"教练"，而不是"下命令"

谁终将声震人间，必长久深自缄默；谁终将点燃闪电，必长久如云漂泊。

——尼采

教练式领导正在改变我们今天的领导人的思维方式！

教练式领导不是只用一种方式或者学习一套简单的新技巧就能做到的。其实，无论从事运动还是商业，成功的教练都是五花八门、奇招百出的。有人在兴奋的时候会高声尖叫，情绪澎湃，也有人在最激烈的场面中仍然保持冷静。对企业领导来说，成为教练，也是学习运用我们个人的方式培养自己队伍的过程。

教练式领导的管理目的就在为组织培训需要的新人或者新团队。如果你想要技能高超、对工作热忱、效忠组织及其目标，又兼具富有创意和合群两种优点的人才，就只有一条路可行，必须成为教练。

教练是无法亲自经营每一出重头戏的领导人必须扮演的角色。

教练式领导的核心就是"支持"两个字。教练别人就是他们给提供成功所需的一切支持。教练始于一个前提：团队成功我们就成功，团队失败我们也失败。教练式领导需要提供给下属确保获胜所需的一切，成为教练亦即对部下做庞大的个人投资。

教练式领导有以下三大特征：

特征一：领导者认同员工的自驱动大于"他管理"。

所谓"他管理"即"别人要我做"，自驱动即"我自己要做"，前者的后果是"他想要，他管理，他负责"，后者带来的是"我想要，我承诺，我负责"。

自科学管理之父泰勒以降，行为学派、组织学派、绩效学派、激励学派，包括德鲁克在内，所有的管理学家和企业家都在加强"管"的价值。

然而，伴随着"管"的另外一条线索是，企业员工开始从两百多年前的产业工人向如今的知识型员工转变，知识价值在企业产出中的比例也在逐年上升。这就导致了一个现状：员工越来越成为"解决问题"的主体！所以，领导无法回避，现在的企业管理中，基于员工的"自驱动"或者"自我管理"已经成为企业绩效改善与提升的关键所在！

教练型领导不必知道员工"我想要"的力量有多大，只要相信，至少比"别人要我做"的力量大，就有动力让自己做"教练"，而不是时时刻刻"下命令"。

特征二：领导者做榜样，产生持续的影响。

在企业中，权力的真相是流程，而流程所赋予的权力最初来自于任命。这种权力背后的安排又伴随着责任和利益。于是，领导者无形中就成为员工眼中的对立面。如果领导者不能深入群众，自己完成身份认同的转换，那么下属对他"不认同感"会越来越深，于是就有了"无声的抗议"。这就是很多领导人觉得队伍难带、人心散的原因。

其实，领导人的任务之一，就是传递价值观。如果部下对组织重视的事感到不解，他们就会做出错误的判断，从而为自己和别人都带来麻烦。所以，教练必须花时间对部下应该了解的基本价值观念加以说明、举证、重申以及身体力行，以确保每个成员都能分享这些观念。

教练式领导不能光说不做。只有当领导的言行合一，他所希望下属认同的价值观才可能被他们接受和实施！

特征三：敢于打破束缚，随需而变。

领导之所以会被称为"管理者"，就是因为需要他做决策。但传统的"下命令"式的决策导致一种现象：离问题越近的员工，越只有反馈权，顶多会增加建议权，很少有企业会把决策权赋予一线。

于是，传统企业的惯常的情况是，一线员工及时反馈了问题，等坐在办公室的领导"拍脑袋"或者凭经验做出决策，然后下命令交给一线员工去执行。这个过程中，领导只用了员工的"手"，而员工的"脑"和"心"都被忽视了。长此以往，员工们小心翼翼地"服从规则"，看上去企业很有秩序，但是当"循规蹈矩"成了管理的常态，那领导者损失的是众人的智慧和创新力，企业也将渐渐失去活力。

所以，一个教练式的领导，要扮演创新者的角色。依部下的不同需要，帮助他们培养和不断改善基本技巧。更杰出的教练还会不断尝试新的游戏方式，并发明帮助部下的新方法。他们会要求企业中的每一个人都有独立思考和创新能力，并力求在组织中培养在任何情况下都能创新的部下！

除此之外，良好的教练式领导还应当是个艺术家，他们得学习扮演多种角色，以改善团队的表现。因为面临的情况和人随时在变，所以他们必须在教练时采取不同的方式。教练式领导知道何时应该对部下温和、何时应该强硬，知道何时让部下进行反思讨论，何时对他们进行鼓励鞭策。一个教练式领导的最高境界，就是拥有水一般的智慧，无为而无所不为！

引车卖浆道与术：成为教练式领导的基本做法

◆帮助新员工适应环境。不仅是为新员工提供跟工作有关的信息，更重要的是，让新员工从一开始起就有归宿感。

◆帮助新的中层管理人员适应环境。不要以为他们待在组织里已经有一段时间，提拔上来当主管只是换了个位置，他们同样需要适应新环境，学习怎样指导他人。

◆回馈部下各个方面的工作。用各种不同的方式认可成就，处理难题。用言之有物的赞美帮助部下认清自己的优点，用附带有实际支持的纠正来帮助部下改正不足。

◆鞭策部下成长。随时帮助部下达到更高的水平，在设定困难的目标时，将一个人的真正潜力考虑在内，甚至比部下本人都要更了解。愿意帮助杰出的部下升到自己的团队之上。

◆在适当的时候，帮助部下解决私人问题，在部下突然表现出退步的时候，厘清事实，给予理解和帮助。

要"师带徒的精神",而不是"师带徒的手法"

我希望能够创建一种能够创造知识的企业。这种企业能够把隐性(Tacit Knowledge)和显性知识(Explicit Knowledge)融合起来,身体和知识融合起来,并且创造一个螺旋式上升的过程。这就需要企业领导人来促进、推动这样的知识创造过程。

——野中郁次郎

"师者,所以传道授业解惑也。"这是韩愈《师说》开篇明宗的话。可见,韩愈认为"师"最高的标准是"传道",其次才是"授业"和"解惑"。一个成功的领导者也应当把"传道"作为自己的工作目标。所谓"师带徒的精神"含义便在于此。

现在都说企业文化落地,管理以人为本,因为真正的企业文化并不是严格的制度,而是这个企业让员工感受到感动和温暖,从而激发员工在工作中的潜能和对工作的执行力。

比如,离开微软的员工,在走的时候几乎都会说自己很怀念微软,这在别人看来,就会觉得微软这个公司是真的对员工好。一个企业的文化,能这样深入人心,那必然是从上至下已经贯彻深入了。

台湾奇美集团总经理许文龙,被业界认为是台湾最照顾员工、最有传道精神的企业家。

据说,许文龙十分崇尚庄子思想,他认为只要领导方向对了,没有管理的管理才是最为理想的状态。

奇美公司不设立人事部门，只有总务部，而且只提供服务。

奇美公司的风气十分自由，许文龙自己每个星期只上班5个小时，其他时间全部在台南钓鱼。在公司里，他甚至连一间属于自己的办公室都没有。

有一次，因为下雨没办法钓鱼，许文龙便想到公司看看。下属们已经习惯了他定时来公司的作息习惯，很惊讶地问他："董事长，您来公司有事吗？"许文龙想了一下，是啊，确实没什么事，来干吗呢？于是便又转身回家去了。

有人会问，这么对公司不上心的老板，这公司能发展吗？其实，在崇尚无为而治的许文龙的带领下，奇美一直稳步向前发展。在《福布斯杂志》公布的2004年全球十亿美元富豪榜上，中国台湾地区有十人上榜，许文龙排在第六。

许文龙的成功充分说明，领导者最主要的任务并不是时刻去监督员工在做什么、做错了什么，然后手把手地去教、去改正。领导要做的是引导下属对企业蓝图心生向往，从而对工作产生热情，自发地朝着既定的目标去努力。

庄子说："虽有至知，万人谋之。"一个领导者，即便你有极致的智慧，但也对付不了一万个人。全世界的企业都一样，如果不能像康德所说的把人视为目的而只是当成工具，那么很难靠管理制度改变这个难题。

所以，高效团队的领导者往往注重教练和后盾的角色，对团队提供指导和支持，并不试图去控制它。比如同样是侧重老庄思想的张瑞敏就说："与其天天想那么多办法'对付'员工、管理他，不如倒过来不要'对付'他们，而让他们自己去'对付'市场。"

这样，观念就变了，就没有传统的管理者了。员工无须和领导进行"上有政策，下有对策"的博弈，真正体现出"每个人都是自己的CEO"，这样，就能把"隐性知识"的价值充分发挥出来。

那么，怎么样才算落实了"师带徒的精神"？可以从以下几个方面考虑：

一是帮助团队成员充分了解自己，找到每个人的准确定位。

二是对于具体的工作则无须时时过问。

三是鼓励团队成员"试错"，只要动机是对的，即使出现错误，也可以接受。

四是时刻鼓舞团队成员的信心，关注他们的感受。

五是警惕过分管理，要让团队有充足的自由发展空间，以免扼杀热情。

员工只有感受到公司对自己的信任和关心，才会对企业产生安全感、依赖感，才会对工作更努力。而一个成功的领导者，不仅需要管理能力，更需要用一颗真诚的心与员工相处，和他们打造愉快的工作氛围，让企业在领导者和员工的共同努力下走向灿烂的明天。

以虚控实，让自己成为一名传道者

从根本上说，领导力就是领导者改变另一个人的观念和心态的能力。

——美国著名领导理论大师　沃伦·本尼斯

在世界的系统中，尽管每个人都是独一无二的个体，但总有一些特征是共通且不变的。比如，在内心深处，人们都希望获得赞美、肯定和鼓励，我们都希望自己拥有完美的人生，达成愿望，家人健康快乐，也希望自己在别人看来是个有价值的人。这些都是正常人身上的共性。

而领导者在员工日益个性化的今天，不仅要面对员工差异化越来越大的趋势，也要掌握人类共通的、不会轻易改变的价值观，并且坚守能引导企业走向卓越的价值观。

能引导企业走向卓越的价值观，通常具备以下三个特征：第一，既简单又充满能量；第二，非直接利益导向；第三，不是口号和空话。

不要小看企业的共通价值观。有评测机构研究了世界上被认为是最适合工作的公司后得出结论，众多上榜公司都有一个共同的特点：尊重组织共同价值观。他们的经营行为和员工的能量状态也从侧面反映了这一点。

反之，共同价值观缺失或者不清晰的话，员工的能量值就会纠结乃至下降。甚至有些领导人自己都不明白墙上的目标、口号是什么意思，更不要说宣讲给下面的基层员工了。

那么，领导又该如何让这些价值观影响企业中每个人的心理和生理？这就要求领导者同时应该是伟大的教导者和师者，是组织当中"传道、授业、解惑"之人。

我们来看一位领导人的现身说法：

当时我还没有自己创业，大学毕业在一家公司担任项目总监。不巧，第一个项目就出现了重大失误，虽然不是我直接犯错，但我必须承担这个责任。那天，我到老总办公室做检查，做好了被开掉的准备："真对不起您的信任，这次的项目，搞砸了。"

出乎我意料的是，老总没有像我预想中的大发雷霆或者横眉冷对，他笑着把我拉到椅子上坐下，说："我还以为是什么大不了的事。来，坐下来跟我说说，这次的项目我们有什么收获呢？"

"收获？"我吃惊之余，赶快收集头脑里的相关信息，"收获还是有的。这是个新项目，大家学到了很多东西，从完全不懂到现在成熟上手，说是行家也不过分……"

"很好，"老总听完了说，"那么对这次项目我们还能做什么呢？是否需要其他的资源配合？"

我好像有点明白他的意思了。赶快说："项目虽然砸了，但不是一败涂地。在客户的合作方式上调整一下，情况应该会有所改善，如果副总能抽空到现场协调一下，相信情况会更乐观，继续合作也不是没有可能。"

"很好，副总那边我去说。"老总很爽快地点头。然后，他跟我探讨接下来的业务发展方向，我突然仿佛开了窍，脑袋里灵感勃发，最后，我在老总的引导下重新拟定了一个行动方案，副总也尽力协助。最终，我们组顺利地拿下了原来搞砸的项目。

这可以说是我工作生涯中最有意义的一课。之后，我升了副总，再后来，我辞职自己创业，现在我也是一个有好几百人的企业主了。当年那一幕依然是我管理企业的基本指导。每次想起那位老总，心里都是无限感激。

这个案例中的那位就是个标准的教练型领导，是个合格的传道者。面对项目失败，他没有追究责任，而是提供了一种积极思考问题、面对困难的思考方式。在他的引导下，原来气馁的员工也受到了鼓励，大家的潜能也得到了开发，而结果就是，一个看起来死掉的项目又复活了！不仅如此，这种积极的思维方式还影响了员工的为人处世，这才是传道者领导的魅力！

一个领导要想成为一个好的传道者，要在以下三个方面下功夫：

第一是忠诚。忠诚是领导者的人格基础。忠诚能保证传的道是"正道"，不是"歪道"。人间正道是沧桑，无论市场怎样变化都不能动摇。我们经常碰到的信息衰减和员工误解都和传道者的忠诚有关。当然，我们不主张领导者的愚忠。愚忠会导致一种盲目的追随，会造成公司信息的短路和折扣。而且，这样的愚忠越多，企业的战斗力反而越弱，思想文化的传输成本就会越高。所以，忠诚不是道德的判断，而是职业水准的衡量。

第二是激情。能力可以是用一生培养的，但激情是决定事业成功关键因素，激情是领导者的生命动力。人是渴望被点燃的，每个员工都可以用激情去感染。领导者付出真诚和坦荡，用激情去感染下属，让他们迸发出更大的激情，进而锤炼一个富有激情的团队，从而赢得客户，赢得市场。

第三是透明。每一个人都会有自身的心理障碍和性格缺陷，企业也一样，特别是随着企业的扩大，部门增多，到最后大家都关起门做自己的事！员工和员工之间，部门和部门之间，处于一种半封闭状态。

领导要做的就是营造出一个透明的环境来。管理不是掖着藏着，把自己大胆地打开，营造一个有利于传导的通畅的环境。这样你才能把"道"传递下去。你的工作效率才会成倍地提高，人际关系也会使你快乐地博取利润。

知识延伸：优秀领导者的九大特点

1. 优秀的领导者虽对团体负全责，但并不单独做所有的决策，他加入团体，促进团体内的意见沟通，由此获取有助于决策的适当情报资料、技术性知识以及各种事实与经验。

2. 领导者有时必须迅速做某种决策而无法等待团体讨论，他能预测此种紧急状态，获得团体的支持，迅速采取行动。

3. 优秀的领导者以建立团体中一贯合作支持的气氛为第一要务，平时就鼓励成员分享他的责任，倾听成员的意见。

4. 优秀的领导者负起组织从上面派给他的责任，但对于其下属部位的影响则尽可能减少，即不利用其正式的领导的地位与权威来影响部属，而想通过自己的为人与指导方法来影响部属。

5. 优秀的领导者具有与组织中其他团体联系的能力，他会将自己团体的见解、目标、价值观及决策反映给别的团体，以收到影响的效果，同时也会将别的团体的各种见解、目标等告知自己的团体，促使双方的意见沟通与交互影响。

6. 优秀的领导者具有处理团体所面临的技术问题的充分能力，且随时可将专门知识提供给团体，必要时可请到技术专家或其他专家来协助。

7. 优秀的领导者是一位"以团体为中心的管理者",他能激发团体旺盛的士气,以达成团体的目标,并努力促使团队成员对较大的组织也产生责任感与连带感。

8. 优秀的领导者具有敏锐的观察,能洞察问题的所在及成员的需要与感情,并随时伸出支援之手。

9. 优秀的领导者要能适应外部环境的变化,引导团体在环境中生存与发展。

领导要管头管脚,而不是从头管到脚

自由不是让你想做什么就做什么,自由是教你不想做什么,就可以不做什么。

——康德

在日常培训工作中,常常碰到领导抱怨:现在的企业越来越难管了,"企业刚创立的时候,虽然规模小,员工文化素质也不高,但干什么都比较顺心,我指东,没有人往西。现在倒好,规模上去了,效益也翻了几番,又招进了大批高学历的人才,按说工作应该更得心应手了,可实际上呢,我的话现在不灵了,常常有人唱反调,我一天起早贪黑累得要死。"

为什么会出现这样的情况?我们发现,有这样抱怨的领导,往往都是从计划经济时代过来的人,或者领导思维受计划经济的影响很深。

在计划经济时代,中国的企业管理依赖的是行政指令,在这种传统的管理方式下,诸多问题都要反馈到领导权威当中,由领导层决策。这种领导从头管到脚的方式，在市场经济中，弊端凸显无疑：一方面，"一言堂"式的领导模式缺乏灵活性，不能满足市场需要；另一方面，有能力的员工越来越善于使用自己的头脑与手脚，越来越不愿意接受上级的控制和领导。可是，习惯了集权的领导者又喜欢把一切都揽在身上，事必躬亲，管这管那，从来不放心把一件事交给手下人去做，现代企业中这样的领导人并不少见。这使得他整天忙忙碌碌不说，还会被公司的大小事务搞得焦头烂额。

出现这样的问题也情有可原。毕竟，从工业革命时代开始，效率与效能提升，必须通过诸如"计划、控制、检查、指挥、奖惩"等"管"的手段和方法来达成。于是"管理"就成为企业作为微观主体"资源配置"的核心工具，将"人、财、物"的配给达到最优。可是，时代的发展已经宣布这样的传统管理模式不符合社会主流，那么领导要怎么样做，才能让自己卸下担子，也能让企业发展顺应时势？

先来看一个例子：

宓子贱是孔子的弟子，鲁哀公任命他为单父的地方官。在任上，子贱体情任物，选贤用能，各司其职。可他自己却常常身不下堂，弹琴自娱。就这样，子贱把单父治理得井井有条，物阜民丰，雅俗共美，史称"鸣琴而治"。

宓子贱离任后，孔子另一位出色的弟子巫马期继任。巫马期日夜忧苦，从早忙到晚，虽然治理得也不错，但是他看起来就忙忙碌碌，而且一点闲暇都没有。

后来，巫马期向老同学宓子贱讨教，宓子贱说："你只靠自己的力量去进行，所以十分辛苦；而我却是借助别人的力量来完成任务（我能用人，你能用力，用人者安闲，用力者劳苦）。"

司马迁在史记中评价说："子贱治单父，民不忍欺。"

其实，一个聪明的领导人，应该学学子贱，正确地利用部属的力量，发挥团队协作精神，这样不仅能使团队很快成熟起来，同时，也能减轻管理者的负担。

我们说领导要管头管脚，一方面是指关于人跟资源；另一方面也是指要注意发挥员工的能动性和创造性，明确任务、验收结果即可，没有必要每一个步骤都盯紧，太多的流程、规则和提醒，反而会让员工不知所措。

毕竟，每个人做事情都有自己的方式，不必强求一致。如果领导非要按照自己喜欢或习惯的做法一味地给员工提要求，这不但加大了自己的工作量，还会把员工的工作和自己紧紧地捆绑在一起，彼此都失去了最好的自由发挥的空间。

所以，领导人给员工一个任务，让他自己去做，相信他能够做好，也就是相信自己的管理能力和看人的眼光。

高明领导者的管理之妙就在于只"管头管脚"而不是"从头管到脚"。

非常有意思的是，出现"从头管到脚"的问题的领导，往往都是自己以为"以人为本"的领导者。我们看看，有多少领导是自以为"以人为本"，其实却是陷入误区的：

A领导是公司里面最受累的人，白天不停地穿梭在工作岗位间，悉心指导，晚上还要出去应酬客户、跑业务，但是他忙死累死，公司也看不出什么起色。

B领导非常重视员工的培养，每年都花大钱请培训老师，也精挑细选优秀员工出去深造，但是员工素质依然没有什么长进。

C领导把员工当自己的孩子看，经常手把手地教导员工，看到有毛病马上指出来，这样，问题是很快解决了，但是员工抵触心理非常大，动不动就闹情绪，公司里的气氛非常紧张且古怪。

D领导为了提高效率，让新人迅速熟悉工作岗位，请专家专门做了一套工作流程和指标，细致到包括插电、开机等每一个操作，本想可以大大节省大家的时间，没想到，员工光盯着指标，反而工作热情下降了。

这样的例子还有很多。领导们的出发点都是好的，想要帮助员工成长，想要让效率更高，不要出问题，但总是事与愿违。其实，"厉害"的领导者并不在于他懂得多少，而在于他能够通过属下，帮他规划下一步的棋局，看到下一步的发展。

所以，领导者要注意发挥下属的积极性与创造性，在部署工作时只需要告诉他们做什么即可，给下属发挥创造才能的机会。领导"管头"时，一定要遵循只提出"任务的内容"，不干涉"具体的做法"的原则。而"管脚"时重点就放在要完成的工作内容上，无须查核完成任务的方法或细节，这完全可由下级人员自己来发挥。

其实，这样一看，领导的工作就非常简单了！

管理的最高境界，无为而治，让别人去做自己想做的事情。而一个好的领导者就是一个有效的甩手掌柜，他要做的就是怎么样让别人去做，并且通过种种方法，让别人愿意去做。这是一种"双赢"甚至"多赢"的博弈，领导者可以深思！

领导力测试：你能有效地和人沟通吗

与人沟通也需要一定的技巧，也是领导确切了解自己和别人的一种有效的方法。领导通过有效沟通，将构想、愿景化为行动的催化剂。有了它，领导就像一位能明确掌握方向的船长。

你是一位能够和人有效沟通的领导吗？用是或否来回答下列问题。

1. 你会定期举行团体会议，不仅讨论工作上的问题，也会沟通大家所关心的事务吗？

2. 你会怂恿部属提出他们自己的问题和参与讨论吗？

3. 你能列出行动流程表以追踪决议事项、指定负责人，并控制每项作业的进度吗？

4. 你可亲吗？在工作场所外，你会鼓励干部与你做非正式的沟通吗？

5. 为了在宽松的气氛中鼓励非正式的沟通，你偶尔会在办公室外（如在饭店、咖啡馆）举行团体会议吗？

6. 你的部下认为你是一位好的倾听者吗？

7. 当某一部属完成一件杰出的工作时，你会以私人的立场马上恭贺他吗？

8. 在适当的场合，你会和你的部属讨论有关于你的问题，并鼓励他们提出讨论或建议吗？

9. 你定期地召集干部开会，以检视各项目标的进展吗？

10. 你的每一位干部都有一份属于他们各自的目标复本吗？

11. 你的每一位干部清楚他的职权范围吗？

12. 你至少每年一次不正式地评核干部的绩效，而且和他们讨论评核结果，并鼓励他们坦白地道出任何问题或关心的事物吗？

13. 你鼓励每一位干部讨论他自己的理想，并帮助他计划下一步吗？

14. 你的每一位干部都有一份工作说明书，上面有大致分配的主要责任吗？

15. 你随时向企业核心层简报工作进度和下属人员的绩效吗？

16. 一般来说，你经常鼓励干部之间相互协调合作吗？

17. 当公司内有一重大的重组、政策或工作计划的改变，你会召集你的部下说明改变的理由以及改变对他们的影响吗？

18. （承接上题）你会尽可能地给予你的部下关于这些改变的进一步消息吗？

19. 你曾组织任务组或委员会，作为解决问题的方法，也鼓励他们群策群力吗？

20. 你会鼓励你的部下寻求其他专家团体的协助与指导吗？而当他人寻求你的指导时，你也会像对自己的部下那样给予指导和合作吗？

21. 你拥有一本干部可以参阅的公司（或部门）政策、规章制度的手册吗？

22. 当公司的核心层召开内部会议时，你会让其他同事了解你负责的范围可能有影响他们工作的地方吗？

23. （承接上题）你会将会议的内容尽快地传达给你的部属，让他们了解此次会议中将会影响他们工作的决议事项吗？

24. 你偶尔会运用脑力激荡的方法来鼓励部属提出新的见解吗？

25. 如果公司正要请顾问来从事一项重要企划，你会召集你的部下解释本计划的目的以及对他们的影响吗？比如将来的发展等。

26. 在日常工作中，你尽可能地与你的部属面对面沟通，而不使用手写的报告书吗？

27. 在你亲笔写的文件上，你会谨慎地使用诸如"机密"等字眼，并鼓励你的干部照办吗？

28. 你能尽量书写得简洁清楚，避免术语与公文化吗？

29. 当你对非专业领域的人讲解时，你会特别注意避免使用专业术语吗？

30. 你知道你的职员正担心某一毫无根据的谣传时，你会举行会议来澄清谣言吗？

测试答案分析：

分数 25～30 分：

在工作中，你在对上、对下和对平级的三个主要沟通层面做得很出色，你能鼓舞他人的信心而他们也信任你，你所带领的团体有一流的团队精神。

分数 15~24 分：

你是一位良好的沟通者，只有少数几个地方须加以改进，这些可以很快地从测验的结果中找出来。建议你加强一下沟通方面的系统训练，查漏补缺，努力成为一名卓越的沟通者。毫无疑问，这将使你无论在哪个组织群体中，都能成为备受欢迎的领导者。

分数 6~4 分：

在你被视为是一位优秀的领导者之前，你还有一段不短的路要走。可能是由于你过度小心谨慎，或者天性保守，以至于你在工作中并不那么有想象力，也不善于跟人交流。请记住，领导者，也即掌握咨询的人，"有责任"将信息传达给需要的人——而非需要者自己想尽办法去取得它！所以，放松心情开始沟通吧，这是每一位好的领导者都应具备的。

分数 5 分以下：

你真的是一位组织的领导者吗？从你的分数看来，你似乎比较喜欢单独行动的工作，而非担任领导与激励他人的角色。

第五章　欲成事者，必善假于人
——领导交递"传力棒"的道与术

授权，激活人才潜力的催化剂

大海之所以伟大，除了它美丽、壮阔、坦荡外，还有一种自我净化的功能。

——康德

领导要懂得授权，不能事必躬亲。这个道理，相信领导者已经耳熟能详了。然而更多的领导会提出疑问：我也知道要授权，靠我一个人不能包打天下，可是授权很难啊，而且也没什么效果，下属还是要我在一边催拉打才工作啊……的确，这些现象是存在的，可原因在哪里？

我们知道，人，不论处身在何等地位，喜欢权力、喜欢自己说了算的感觉，几乎是天性。所以，我们可以说，几乎没有人不喜欢被授权。而授权可以激发员工的潜能，也是管理界公认的最有效激励手段之一。那为什么授权达不到预期的目的？有可能是领导在授权方式上出了些偏差。

领导者授不好"权"，最常见的原因是他们没有认识到授权与员工日常工作之间的区别。日常工作着眼于如何高效率地完成任务，而授权则要求更高的技能或更多的责任，并要考虑如何给被授权者带来成长和发展。对领导者而言，授权要求关注于要完成什么任务，而不是如何去完成任务。

归纳起来，授权和日常工作分配的区别，可以用表5-1来表述。

表5-1　授权与日常工作分配的区别

日常的工作分配	授权
日常工作不要求额外的工作能力，领导者的目的是让员工按标准工作	授权是一种额外工作，也有失败的可能，领导者的目标是使员工承担更多义务
日常工作是员工正常工作的一部分，不容拒绝	授权是超过现有工作范围的额外要求，可商议
日常工作为员工所知——他或她过去做过类似工作	授权的任务往往不为员工所知——员工可能具备所需的能力，但还没有验证过
日常工作来源于员工的工作职责，通常是当前工作或正常预期的延伸	授权来源于管理者的工作职责，是员工未接触的新领域
日常工作是一项持续、反复进行的任务，关注于行动	授权是产生于特定时间的特定项目，关注于责任
被员工视为"工作"，是必须完成的职责	被员工视为"机遇"，领导尊重与赏识的标志

领导者要记住，授权的目的在于创造一种更加高效的运作环境，使人与人之间更容易进行合作。领导者合理地向下属授权，能够激发下属的潜能，让他们以更大的热情和心力做好工作，提高效率。所以，领导要做的，不仅是"自以为授权"，而且应该是"有效授权"。因为只有"有效授权"才能得到理想的效果。

为了更好地说明"有效授权"，我们先来看一个"无效授权"的例子。

在一家制造车间，厂长与首席技师一起在做例行检查。这时，厂长发现休息室外面一台冷凝器在漏水，于是嘀咕了一句："在发生事故之前，应该有人把它修好。"

几天后，厂长接到报告，由于休息室的木地板脱落，一辆通过的铲车撞上了木板，并把它给掀起来了。维修需要一笔不小的花费，并且很费时。而为了更换地板，休息室不得不用绳子拦开，这样，员工们只能使用车间另一头的休息室，又引发了很多关联的问题。厂长问起休息室的地板为什么会脱落，原因居然是冷凝器漏水！

这下厂长生气了！他把当天一起检查的那个首席技师叫进办公室，拍着桌子叫道："我记得我一个星期前就已叫您把那个冷凝器修好！"而那个可怜的技师一头雾水，根本没有印象，何时领导给了他这样的授权。

这则案例说明，授权是需要沟通的。有时候，一个一闪而过的念头，一句随口说出的话，领导者以为已经授权了，但下属却还没有接到这个信息——这就是无效授权。

所以，当领导想要授权、进行授权的时候，应该记得把目的表述清楚。

有效授权，可以分以下六个步骤来进行：

第一步：领导在确定授权的对象后，把任务告知被授权者。在进行这个步骤时，要注意保证被授权者明白这是领导的授权，并且理解授权意味着什么。领导在授权时，要让对方理解，为什么选择他而不是其他人。在适当的时候，可以鼓励一下，以增强被授权人的信心。

第二步：详细列出与责任匹配的权力、义务，并予以明确。授权是一项不经常出现的工作，所以要跟员工明确他的责任以及和责任相匹配的权力与义务。如果需要，还可以给员工提供适当的建议或者培训和辅导，帮助被授权人决定最佳方案。

第三步：提问问题，并讨论它，直到得到明确的答案。授权中一定要用协商的心态来请求并商讨问题。这可以使领导者得到原来没有的想法，而且在商讨过程中，要记得尊重员工的拒绝。因为那可能对整个目标有利。

第四步：讨论详细的条款。比如在授权过程中应该减轻的其他任务，需要的财力、人力、物力以及时间等，都应该详细讨论并确定。

第五步：达成明确的协议。谨防"我试试看"这样的心态和说法，要让被授权者给出坚决的承诺。

第六步：对被授权人表示感谢。感谢他（她）接受授权，并表明你对其能顺利完成此事的信心。

充分授权的前提是高度信任的氛围。要充分发挥员工的潜能，就要充分地信任员工，只有高度信任，才能够坦诚沟通，减少管理成本，提高效益。每个人都有被信任、被重视的渴望，因此，领导者要学会驾驭人，就要从自己解决问题进入到信任、引导、激励员工去解决问题。领导者要授权给下属，就要相信他们对事业的热情和创造力，不要束缚他们的手脚，让他们更富于创造性地去开展工作。

当然，信任不是放任，授权也不是越权。领导者要做到有效授权，还应当注意控制好"抓"和"放"的度。既要下放一定的权力给下属，又不能让他们有不被重视的感觉；既要适度地检查督促下属的工作，又不能使下属感到有名无权。这样才算是真正悟到了授权之道。

引车卖浆道与术：常见的授权误区

◆不要总是授权给高级员工。

◆不要总是授权给最有能力的员工，虽然这很有吸引力。

◆不要总是寻求自愿者。

◆不要对信息有所保留。如果有与该任务相关的告诫，比如需要对某些信息保密或避免与某些个人或团体冲突，那么在开始就要说明。

给下属创造"展露"才华的机会

管理者给予员工多大的权力，员工就会产生多大的动力。

——约翰·麦斯威尔

我们常常听见领导抱怨：现在的下属太难管了。的确很难管。如果他心不甘情不愿，那么不论领导怎么样推、催甚至逼，效果都不会太好。所以，领导者需要有一点技巧，让大家能够自发自动，乐于竭尽才能。这就需要领导者虚心招揽人才，提供表现的平台，放手让部属自动地发展才能，甚至，有时候领导不妨给下属创造一点"展露"才华的机会，让日常工作不至于因为普遍性的被动造成拖拉，也不至于让企业陷入有人才却不愿意表现的困境。

我们来看这个案例：

某老总需要向一位部属交办一件事情。他不是直接把部属叫过来说："曾科长，你把这个事情做一下，明天下班前交给我。"他不！他先把这位部属请到办公室里，然后说："曾科长，我知道你最近很忙，我这里有一件事，但我实在不忍心再叫你做了。"

曾科长听了，当然客气地说，叫他做没关系的。

老总再说："这件事别人不会做，你又那么忙。我给谁做好呢？我还是自己做吧！"

曾科长听到这里，就好很自然地说："我来做好了。"然后看了看要求说，"明天下班前我就能做好。"老总首肯，他就轻松愉快地接了这个工作去做了。

　　这个案例说明，人是喜欢自主自动的，自己选择的事，比起被领导委任的事，他会更上心、更乐意去做。所以，领导在向下属传达任务时，如果善用此点，下属的工作效率和成果都会有可喜的变化。

　　现代社会，由于工作节奏越来越快，为了高水平、高效率地完成某项工作，领导者经常亲力亲为。这样一方面是导致下属轻松以待，无事可做，更重要的是限制了下属的发展。所以，领导者应该尽量把更多具体事务交给下属来做。

　　在此基础上，领导者应该在工作中给予员工一定的自主权，让员工有一定的自主发挥空间。如果事事都需要来请示才能做决定，员工就会对领导产生依赖感，那么他们将永远不会有成长！反之，如果能够不断给员工新的挑战，让其自主发挥，并给他尽可能的自主决定权，往往能够收获惊喜，得到员工超水平的业绩。这才是员工发挥核心能力的最佳条件。

　　有些领导总觉得是不敢给员工压担子，生怕下属做事效率不够高，抑或做得不够精细。其实，只要这个员工具备一定的核心能力，并且愿意用心做这件事的时候，理论上，他完成的能力跟领导者不会相差太多。如果员工永远没有机会尝试更有挑战性的任务，那他就永远没有掌握核心能力的可能。所以，领导者对人要抱以期望，不要低估任何一个人，给他们一个机会，就是为其注入成功的催化剂！

　　我们来看一个非常有特点的例子：

　　一手创办了世界著名香料公司——马柯米克公司的威罗比·马柯米克先生是个彻头彻尾的独裁经营者，而且是这类经营者中的精英，但他的管理方法已经远远落后于时代的潮流，加之经营不善，马柯米克公司终于面临这样的困境：除非将所有员工的薪水减去10%，否则，公司的收支将无法实现平衡。就在这个时候，威罗比先生撒手人寰。

　　临危受命的是老马柯米克的侄子查理斯·马柯米克先生。查理斯先生出任公司董事长，上任伊始，他召集公司全体员工，非常诚恳地说："从今天开始，所有员工的工资均增加10%，工作时间缩短。我们公司的命运完全担负在诸位的双肩上了，希望大家努力工作，力挽狂澜，拯救自己的公司。"

在场的公司员工们简直不敢相信自己的耳朵。因为困难摆在眼前，就当时的恶劣情况而言，将公司员工的薪水砍掉10%尚不足以渡过难关，谁会想到新主管查理斯先生却给大家加薪10%，而且工作时间大大缩短！

当员工们终于明白新主管加薪之举是为了表示他对全体员工的完全信赖时，公司上下立即士气高涨，员工们纷纷献计献策，甚至自动上街推销产品。结果在短短一年时间里，马柯米克公司就扭转了亏损局面。

查理斯·马柯米克这一手实在太漂亮了。他面对整个公司的困境，没有去克扣工资、裁员、开源节流，而只是抚慰了人心，就获得了基本的胜利！他巧妙地把公司领导者的责任分散到每一个员工身上，让马柯米克公司体现出"众人即公司"的高涨士气。这就是领导转交"接力棒"的最高水平！

查理斯·马柯米克先生的智慧在于，虽然面临危机，却没有武断作出减薪裁员的决定，反而加薪减时，设法激励员工高昂的士气，以期收到上下一心，同舟共济的效果。10%的额外薪资成本，换来的是巨大的无形资产——企业士气，这不单单是金钱所能衡量的。裁员，加薪，相比之下，孰优孰劣，不言而明。

所以，给每一个人一个展示才华的机会吧，不论处在顺境还是逆境，都要让他们充满信心地去迎接挑战。如果没有机会，他们怎么能崭露锋芒？同时，不要用工作岗位或者头衔来限制人们的能力。一定要相信，有很多才华卓越的人，他们的潜力要远远超过所谓的头衔。

案例链接：从"王珪鉴才"看唐太宗的领导力

在一次宴会上，唐太宗对王珪说："你善于鉴别人才，尤其善于评论。

你不妨从房玄龄等人开始，都一一做些评论，评一下他们的优缺点，同时和他们互相比较一下，你在哪些方面比他们优秀?"

王珪回答说："孜孜不倦地办公，一心为国操劳，凡所知道的事没有不尽心尽力去做，在这方面我比不上房玄龄。常常留心于向皇上直言建议，认为皇上能力德行比不上尧舜很丢面子，这方面我比不上魏征。文武全才，既可以在外带兵打仗做将军，又可以进入朝廷搞管理担任宰相，在这方面，我比不上李靖。向皇上报告国家公务，详细明了，宣布皇上的命令或者转达下属官员的汇报，能坚持做到公平公正，在这方面我不如温彦博。处理繁重的事务，解决难题，办事井井有条，这方面我也比不上戴胄。至于批评贪官污吏，表扬清正廉署，疾恶如仇，好善喜乐，这方面比起其他几位能人来说，我也有一日之长。"唐太宗非常赞同他的话，而大臣们也认为王珪完全道出了他们的心声，都说这些评论是正确的。

从王珪的评论可以看出唐太宗的团队中，每个人都有所长；但更重要的是唐太宗能将这些人依其专长用到最适当的职位，使其能够发挥自己的长处，进而让整个国家繁荣强盛。

未来企业的发展不可能只依靠一种固定组织的形态而运作，必须视企业经营管理的需要而有不同的团队。所以，每一个领导者必须学会如何组织团队，如何掌握及管理团队。企业组织领导应以每个员工的专长为依据，安排适当的位置，并依照员工的优缺点，做机动性调整，让团队发挥最大的效能。

领导者的任务在于知人善任，提供一个平衡、和谐的工作组织。

有德有才是正品，有才无德是危险品

世界上唯有两样东西能让我们的内心受到深深的震撼，一是我们头顶浩瀚灿烂的星空，一是我们心中崇高的道德法则。

——康德

作为领导，你希望有什么样的部属？技术过硬、能力超群、性格和善、能承担责任、能独当一面、有大局观、克己忠诚把企业的利益放在第一位……总而言之，德才兼备！这样的人凤毛麟角！如果企业领导对于每个岗位或者仅有点权力的岗位，都要求这样的人才，那么领导最后只能是无才可用，然后自己事无巨细都要过问。有个前车之鉴是诸葛亮，鞠躬尽瘁死而后已，最后六出祁山无功而返。

现代的领导人当然不能当诸葛亮，要当善于"将将"（带领将领）的刘邦。但是，如何选拔人才，却成为让领导者头疼的事。这个人技术非常过硬，但就是有点不合群，管项目，能行吗？这个人特会来事，人脉也广，做销售总监是一把好手，就是有时候爱拿点小便宜，会不会带坏下面的人……

新时代的年轻人，都是个性膨胀、自我意识极强的个体，很难有老传统观念中认可的"任劳任怨"，先顾"大家"再顾"小家"的奉献性、英雄式的人才。所以，作为领导，对于传统的"德才兼备"，要有适应时代的新看法。

现代化管理学主张对人实行功能分析："能"，是指一个人能力的强弱，长处短处的综合；"功"，是指这些能力是否可转化为工作成果。结果表明：宁可用有缺点的能人，也不用没有缺点的平庸的"好人"，因为后者无法为企业创造绩效和利润。这跟计划经济时代，大企业为求安稳，宁可要"庸才"也不要"偏才"的衡量标准是不一样的。

看完下面这个例子，也许能更好理解这个概念。

一个越国人家里闹老鼠，为了捕鼠，他弄回一只猫，这只猫是捕鼠能手，就是有个问题，它也喜欢吃鸡。结果，这个越人家中的老鼠是捕光了，但鸡也所剩无几。

这个人的儿子很生气，想把吃鸡的猫弄走。但做父亲的却说："祸害我们家中的是老鼠不是鸡，老鼠偷我们的食物咬坏我们的衣物，挖穿我们的墙壁损害我们的家具，不除掉它们我们必将挨饿受冻，所以必须除掉它们！没有鸡大不了不要吃罢了，离挨饿受冻还远着哩！"

金无足赤，领导者对人才不可苛求完美，任何人都难免有些小毛病，只要无伤大雅，何必过分计较呢？最重要的是发现他最大的优点能够为企业带来怎样的利益。比如，美国有个著名的发明家洛特纳，虽然酗酒成性，但是福特公司还是诚恳邀约其去福特公司工作，最后，此人为福特公司的发展立下了汗马功劳。

要记住，你不是生活在一个理想的世界里，人无完人，但一些人是彻头彻尾的恶棍，他们会拼命地整垮你，因此，一定要运用你的直觉，尽力网罗那些最优秀的人，用他们的才能为组织创造利益。

"用人不疑，疑人不用"的老传统在新时代已经不适用了。现在的领导者要做到的是："用人要疑，疑人也要用"。领导者要创造一个良好的工作环境，奖励那些工作出色并忠于你和你的公司的优秀人才。对人标准高、要求严，这样他们就会发奋图强。而对于那些看起来在某些方面有欠缺的人，也不要一棒子打死，想办法发现他们的优点和长处，然后谨慎地去用。只要放到合适的地方，偏才也能发挥大作用。

一个团队总是需要各式各样的人才。人不可能每一方面都出色，但也不可能每一方面都差劲，再逊的人总有一方面较他人有一日之长。一个成功的领导人不在于他自己能做多少事情，而在于他能很清楚地了解每个下属的优缺点，在适当的时候派"逊色"的员工去做他们适合的事情，这样往往会取得出人意料的效果。

还有一点，领导者要记住，当你的下属犯错的时候，不要太严厉，每个人都会犯错的；对于那些想要做得更好的人，永远都要记得要给他们第二次机会！领导者要有容人之量，容人之智。你的素质和德行，宽容和雅量，本就能够感召你的下属成为德才兼备的人！

知识延伸：鉴定人才常见的七种谬误

刘劭在《人物志》中提到，鉴定人才，有常见的七种谬误：

一曰，察誉，有偏颇之缪。

（考察人才的名声时，有偏向一个侧面的错误。）

二曰，接物，有爱恶之惑。

（考察人才的待人接物时，会受到考察者个人的喜恶之情的困扰。）

三曰，度心，有小大之误。

（衡量人才的心志时，有志向大小难以分清的错误。）

四曰，品质，有早晚之疑。

（评价人才的素质时，易犯忽略少年得志和大器晚成的错误。）

五曰，变类，有同体之嫌。

（辨别人才的类型时，易接受同类型的人，不易接受与自己不同类型的人。）

六曰，论材，有申压之诡。

（评论才能时，有欲提拔或压制此人的诡秘。）

七曰，观奇，有二尤之失。

（观察特殊人才时，对特别有内涵和特别虚张声势的人易产生偏见。）

好领导的形象——"呆若木鸡"

对每个人而言，真正的职责只有一个：找到自我。然后在心中坚守其一生，全心全意，永不停息。

——赫尔曼·黑塞

曾经一知名企业的老总说过一句话：20年前，我是最强的，带着大家往前冲，20年后，我站在后边运筹帷幄，看着大家往前冲。

这句话怎么理解？我们可以用一个历史故事来阐释。

南宋嘉熙年间，江西一带山民叛乱，身为吉州万安县令的黄炳，调集了大批人马，准备应战。人马刚刚集结完毕，探报来说，叛军即将杀到。

黄炳立即派巡尉率兵迎敌。巡尉问道，"士兵还没吃饭呢，怎么打仗？"其实，这个时候，府衙并没有存粮来供应军队，即使有粮也没有人手为一支军队备炊。但是黄炳却胸有成竹地说："你们尽管出发，早饭随后送到。"

黄炳并不是开"空头支票"。军队出发后，他立刻带上一些差役，抬着竹箩木桶，沿着街市挨家挨户叫道："知县老爷买饭来啦！"当时城内居民都在做早饭，听说知县亲自带人来买饭，便赶紧将刚烧好的饭端出来。黄炳命手下付足饭钱，将热气腾腾的米饭装进木桶就走。

这样，士兵们既吃饱了肚子，又不耽误进军，打了一个大胜仗。

这个县令黄炳，既没有亲自捋袖做饭，也没有兴师动众劳民伤财，他只是借别人的人，烧自己的饭。县令买饭之举，算不上高明，看来平淡无奇，甚至有些荒唐，但却取得了很好的效果。

一个优秀的领导者，不在于你多么会做具体的事务，因为一个人的力量毕竟是有限的，只有发动集体的力量才能战无不胜，攻无不克。所以说，领导者最大的本事是发动别人做事。但是，如何做好"发动别人做事"？其中的诀窍不一定每个人都做得到。

我们知道，能够成为一方领导的人，总是有些过人之处的。他们或者眼光独到，或者有敏锐的商业嗅觉，或者非常善于经营，等等，但不论这个领导有多么能干，当他已经从赤手空拳打天下到领导一批人干事业，他就必须懂得掌握一种外圆内方、绵里藏针的管理、处世技巧。因为真正的强者总是善于隐藏自己的锋芒，真正的贤人不是看起来聪明机灵而是木木讷讷的。

这样做有什么好处？看看松下幸之助是怎么做、怎么说的！

日本松下电器总裁松下幸之助因骂人出名，但是也以最会栽培人才而出名。

松下幸之助对他公司里送上来要他批准的决定，从来都是认可，以至于有下属偷偷开玩笑说，只要送上去一张白纸，松下也不会否决的。他的一位部门经理对松下的做法很不解，问道："下面有些送上来的决议，其实并不成熟，我相信您也能看出来了，为什么不驳回去呢？您现在这样做，知道外面说您什么吗？他们说您这个位置让个机械图章来做都没问题！"

松下说："我每天要批准他人的很多决定。实际上只有40%的决策是我真正认同的，余下的60%是我有所保留的，或者是我觉得过得去的。"

经理觉得很惊讶，因为以松下的权力，他不同意的事，只要一口否决就行了。

但是松下说："你不可以对任何事都说不，对于那些你认为算是过得去的计划，你大可在实行过程中指导他们，使他们重新回到你所预期的轨迹。我想一个领导人有时应该接受他不喜欢的事，因为任何人都不喜欢被否定。"

作为一名誉满全球的领导人，松下懂得，管理不是独裁，在从事企业管理之际，尊重人权，重视个体，比指出下属的不足更重要。

信心对人的成功极为重要，懂得增强部属信心的领导，既是在给你的部属打气，更是在帮助你自己获取成功。所以，领导要增强下属的信心，切不可动不动就打击他们的积极性。

上面举的两个例子，一个是领导巧妙地让别人来做自己需要的事，另一个是领导让部属做他想做的事，哪怕这些事还不完美。看似两个不相干的例子，其实基础都在一点：领导要让部属来做事，而不是自己指手画脚地身先士卒——那是前锋，不是指挥全场的大帅！

所以，我们只要看一个领导人的形象，就大致可以判断他的企业运作得如何。基本上，一个卓越的领导者，他在公司和不在公司，企业的运作都是一样的。人们很少看到他忙忙碌碌地处理公司事务，也一般见不到他四处指点部属。他的部属都习惯了有问题自己处理而不是去请示他，因为请示的结果无外乎还是自己处理。简单地说，如果一个领导人让他的部属觉得他仿佛是公司里"最没用"的人的时候（而企业还是正常运作），他就接近领导力的"道"了！

领导力测试：你能有效地授权吗

授权是任何成功企业的一注活水，经过妥善规划与执行的授权，代表更佳的决策、更有效率的行政以及更有激情的员工。

当你需要将一件具有挑战性的任务交给一个没有经验的部属时，你会如何？以是或者否来回答下面的问题。

1. 对部属明确解释任务并指明目标之所在。

2. 解释此任务的重要性以及这个任务对组织的意义所在。

3. 说明部属在完成此任务的过程中将获得的收益，比如更广的经验，更高的晋升希望。

4. 明确可授予他的任何执行工作所需的额外权力。

5. 详细说明安排给他的可调用的资源，如钱、人员、设备等。

6. 澄清他所不知道的任何关于该任务的公司政策和程序。

7. 查明并核实他是否需要相应的特别工作训练。

8. 概述一些将要和他一起工作的主要人物，可能的话，为他当面做介绍。

9. 明确任务完成的最后期限，并跟他确认。

10. 设定检查进度的一些日期。

11. 说明对绩效检查的方式、时间以及一些相关的内容。

12. 告诉他你希望他递交的报告类型、格式。

13. 查核他对任务的要点是否明确了解。

14. 让他确信，当他遭遇困难时，你会乐意帮助他。

15. 祝他好运。

答案分析：每回答一个"是"，给自己5分。

分数60～75分：

你是一位完全有计划的授权者，能运用授权激励部属。

分数40～55分：

大致来说，你表现得不错，但由于太倾向完美主义，有时候反而使你不愿意冒更多的险。

分数 15 ~ 35 分：

你忽视一些重点，从本测验中找出并改正自己的缺点，尝试对你的人有更多的信任和自信。

分数 0 ~ 10 分：

你几乎未曾授权，就算做了也做得不好。继续这样的话，你的组织会慢性疲乏失去健康的。

第六章　德行天下，济泽八方
——企业发展的"核武器"

"德"——让企业"人品大爆发"的核心

用鼓励和说服的言语来造就一个人的道德，显然是比用法律和约束更能成功。

——古希腊思想家德谟克利特

我国自古就有"立德、立功、立言"三不朽的说法。所谓"立德"，就是指德性的自我修炼。在古人看来，修身、齐家、治国、平天下，以修身为前提。简单地说，就是自我管理是组织管理的前提和基础。所以古代的君王一般都声称"以德治天下"。

同样，现代的领导力理论也越来越看重"德"，21世纪以来，随着道德领导、仆人式领导以及管家式领导在实践中广泛应用，关于道德型领导的概念也在西方管理学界日渐具有影响力。

所谓的"道德型领导"，是指领导将他自身的行为，以及人际交往中规范、恰当行为的示范，通过双向沟通、强化及决策将此行为推广到他的追随者群体。可见，道德型领导对企业最大的作用，就是影响他的追随者，让他们也成为"道德"的个体，并且形成一种企业文化。

根据管理学家和行为心理学家的综合分析，道德型领导能够提升员工的自我效能感、组织认同感、心理安全感和工作自主性。那么，一个领导应该怎样做，才能以德服人，被称为"道德型领导"？结合我国传统文化和当代社会现实，归纳起来，大致有以下几个方面：

一、厚

厚，就是稳重、从容，可以给人以一种能依靠的感觉。"厚德载物"就是这个意思。明代的思想家吕坤在他的《呻吟语》中说："深沉厚重是第一等资质，磊落豪雄是第二等资质，聪明才辩是第三等资质"。说明具有厚重的德性的人，才是一流的领导者。

其实，我们在生活中也不难发现，德性成熟的领导人，自然会表现出一种泰然自若的举止，散发一种无形的威严，能让人心甘情愿地去追随、服从。这是一种内在的力量，一种由内而外散发出来的道德的魅力。尼克松在回忆周恩来的时候曾经说："周没有架子，但却很沉着坚强。他通过优雅的举止和挺立又轻松的姿态显示出巨大的魅力和稳健……他的深得人心，在中国政治中是一种无与伦比的力量。"

厚，在外部表现为一种从容镇定、行为举止恰到好处的形象，和"厚"相反的就是浮和轻。一个领导人，如果举止轻浮、言语急躁，让人觉得缺乏端重之感，那么也就很难用好的德性去影响追随者了。

领导者不妨试一试比平时更慢一点说话，更慢一点走路，不要想说什么就说什么，想做什么就做什么。看看，是不是比平时厚重了一些？当然，"厚"源自于"心"、"气"、"神"的内在涵养的提升，这将是一个需要长期自我修炼和精进的修身之途。

二、决

决包括决断、决策、决绝等意思。一个领导要能当机立断，也要有决策能力和决绝的狠劲。关于这个字，我们可以用一个案例来说明。

柳传志是一位非常儒雅的企业家，但是了解他的人都知道，在关键时候，柳传志非常果断、直接、干脆。联想当年的"孙宏斌事件"发生后，为了保证联想的大船不被孙的"小船"影响，柳传志毅然"拿掉"了自己一手培植且非常看重的孙宏斌，当时颇有壮士断腕的味道。

可是事情还没有完。孙宏斌被送到监狱前，一开始被软禁在一家宾馆接受调查，孙的企业部里的人员不干了，有的提出要找企业部的叛徒复仇，有的提出要劫狱，其中闹得最凶的是一个姓陆的小伙子。

有一天，柳传志在中关村的路边把这个小伙子拦住了。对他说："你要弄明白，邪不胜正。从现在起，公司任何一个员工出了问题，我就认为是你干的。"

小伙子一听，脖子一横，还要口出狂言，柳传志堵住他的话口接着说："你不用给我来黑道那一套，你以为我是谁？我问你，你在街上走，突然有个自行车把你撞了，这有可能吗？"

小伙子不知道柳传志是什么意思，回答道："有可能。"

"撞上后你们吵起来，接着打了起来，都被关进派出所。然后那个撞了你的人做完笔录就被放出来了，而你还要被拘留几天，有可能吗？"

小伙子点头。

"在拘留期间，你多少要受点苦，有可能吧。"小伙子也表示同意。

"然后你也被放出来了。但你在外面走路，有三个人白天黑夜跟着你，你害怕吗？"柳传志说到这里，停下来，盯着这个小伙子。

小伙子的脸上变了。他听出了柳传志话里的威胁之意。权衡了一下，他当即表示离开联想公司，而且以后绝对不掺和联想的任何事情。

绝不是一味耍强斗狠，而是一切从组织以企业的利益出发，对于危害企业利益的行为和个人，坚决斩除。作为领导者，如果没有一定的硬心肠、辣手段，不能在该狠的时候狠，该决的时候决，很多困难是无法过去的。所以，"决"是领导者必备的道德品质之一。

三、恕

恕字，用朱熹的解释，就是"如心"，就是设身处地，从对方的角度考虑问题，就是一种同情的理解之心，以及在此基础上形成的宽容心态。在德性的修炼上，"恕"强调的是一种对"我执"的突破。

人生来是自私的，以自我为中心，凡事从自我的立场出发，这是人性的本质。而领导者处理的就是人和我的关系。领导力突破的过程，其实就是一个堪破自我的过程。一个企业如果领导者自私凉薄，处处站在自我的立场衡量部属，那么他的追随者只会越来越少，而且追随他的往往也都是同样的自私凉薄之徒，这样的组织很难走得长久。反之，如果领导者心怀仁爱、忠恕待人，即使他的能力不是特别强，他的道德品质也会感染他人聚集在他的身边。因为人们会感觉到这个领导"是理解我的"。

恕包括三个境界：第一境界，在内省的基础上，推己及人；第二境界，尊重他人的感受，肯定他人的利益和需求；第三境界，用宽大的胸怀包容他人的错处，对人有一种深刻的同情和理解。

综上所述，一个企业的领导者应该自修和推行的"德"，就是做到平时自律、自省；日常处事明晰干净；待人同理包容，能做到这三点，企业"人品大爆发"指日可待。

善给予，而不是索取——卓越领导力的真正内涵

越是处心积虑地想得到生活上的舒适和幸福，那么这个人就越是得不到真正的满足。

——康德

有个大型国际化上市公司，为了解决企业中新员工自由散漫，以及老员工职业倦怠的问题，采取了一系列的措施。

领导者全面梳理了工作流程和岗位职责，制定了详细的岗位职责说明书和工作手册，丰富了原有的 KPI 考核制度，让指标变得更加有科学依据。运行之初，制度管理的效果很不错，大家努力学习工作手册，绩效也有所提升。可是好景不长，很快，领导发现员工只关注考核指标，对其他的事情根本没有兴趣理睬，企业里每天死气沉沉的，而且恶性竞争时有发生。

随后，领导者进一步对管理工具做了改良。引入了"计件薪酬"和"劳动竞赛"，并在 KPI 指标上附加了"末位淘汰制"，用来激励员工用心工作。想不到，管理改革的有效期更短。大多数员工对这种挑战根本产生不了兴趣，而末位淘汰更是引发了很多潜在的问题。

随着抱怨和不满情绪的不断堆积，组织内的关系也变得紧张，上下级需要靠绝对的职位权威才能推动工作。此时，领导者想废除一些制度，但遭到了很多中层管理者的抵制，因为对职权的依赖，已经让他们失去了威信。此时，所有能够想到的激励方式都失去了效果，员工不知道为什么要对工作有热情，领导者也不知该如何才能让员工找回热情。

这个企业出现的问题绝对不是个例,很多企业都经过这样的"管理优化",却发现得到的结果跟自己原来设想的根本不一样。之所以会出现这样的情况,其源头是领导者还没有搞清楚,这些管理手段的目的是什么。

这些管理工具不可谓不先进,对指标体系的划分不可谓不详细,但是工具越优化,对员工"人性"的约束就越细致。领导者本想通过改良,加强自身管理的便利性,却只是增加了对权力和控制的依赖,反而失去了诸如合作、协调、创新、激情这些企业最值得珍惜的人的因素!

不是说管理工具不能用,而是不能舍本逐末,用制造问题的方法去解决问题。管理工具只是一个载体,是一种合理运用资源的方式,而人和财、物、技、讯、时这些资源是不一样的。

领导之所以成为领导者,不仅是因为他支付给团队成员金钱,金钱只是劳动的报酬,不是领导给予的。领导者要有能力带领大家实现共同的追求和目标,给他们带来满足、成功和快乐。唯有如此,才会有真正意义上的忠诚和追随。

一、领导者要善于给员工成功

成功是每个人都希望得到的,领导要让员工觉得自己在不断工作的同时,也为企业创造了更多利益,让他感到的自身价值得以体现,才能有效激发员工的工作热情。简单地说,就是给予你的员工成就感,让他们觉得自己是一个对企业、对社会有用的人。

二、给予你的员工利益,包括长远利益

利益,不仅是工资。一位伦理和道德型领导会尽力公平地对待那些受到自己决策影响的追随者,并且考虑所有利益相关者的需要。有时候,我们也将之称为共同目标。领导者必须考虑自己以及追随者的意图,并且找到所有

人都一致的目标。这样才能给予他们想要的利益。

作为领导者，你要经常问自己以下几个问题：

我真正了解此时此刻员工的需求吗？

我知道是什么在驱动他努力工作吗？

我给他的物质鼓励，是他当下需要的吗？

我是否在不经意的时候给某个员工关照，而成为他工作态度的转折点？

我是否在没有刻意的情况下做了某个举动或者决定，成为对员工影响深远的动力？

无论你的答案如何，这几个问题，都可以帮助你更好地了解你是否真正给予了他们所需要的，包括物质方面和精神方面。

三、给予你的员工足够的快乐

人都是有感情的，不是被物化的机器零件。一个不快乐的人，很难在工作中投入最大的热情，反而会带来很多负面的因素，如对领导的反感，对工作环境的抱怨，对工作待遇的不满等，工作效率自然低下。那么，如何让他们快乐地工作呢？

最实用的做法还是尊重！尊重是道德型领导的原则之一，它与道德的其他方面是并行不悖的。如果你讲真话，你就会对别人的诚实保持足够的尊重，同样，对个人表示尊重，还意味着领导者意识到每个人都有内在的价值，并且应该受到礼貌和善意的对待。

你是不是一个道德型领导？很重要的一点在于你是善于给予还是善于索取！时代的发展决定了越来越多员工具有鲜明的个性和敏锐的反应力，他们能清晰地觉察到领导者是否真的关注他们、关心他们的需求和发展。与此同时，他们对领导者的领导力也提出了更高的要求，不仅关注领导者的内心动机，而且可以通过多种渠道了解领导者是如何做到的。所以，如果领导不能提供正能量并且以身作则，他们对你的信任和尊重会衰竭，而即使你掌握再多的管理之术，也将成为无本之木，无源之水！

引车卖浆道与术：体现尊重的一个小技巧

某天，试着叫来一个员工，问他："我们这个部门能够做什么让你的工作更轻松？"只要你是真诚且发自内心地问这个问题，你肯定会得到一个你意想不到的惊喜！

领导不是统治，而是一种凝聚人心的力量

花精力激励人基本上是浪费时间。如果坐在你车上的人是合适的人，他们会自己激励自己。

——美国管理学家吉姆·柯林斯

韩非子在《五蠹》中说："上古竞于道德，中世逐于智谋，当今争于气力。"他认为道德统治是最高层的领导方式，但是随着世风日下，人心不古，因此最后只能"争于气力"了。而我国历史上的太平盛世，政治清明的朝代，君主几乎都是以德服人的。比如上古周文王可以画地为牢，在地上画个方格，叫犯了错误的人站在里面，那人就会乖乖地接受处罚，不会逃跑。唐太宗时代，官府还可以释放囚犯回家过年。等过完年，那些囚犯也会自己乖乖回来继续坐牢，不会逃跑。是那个时代的人特别听话吗？未必，重要的还是在于领导者以德服人，有一种凝聚人心的力量。

美国通用电气的前任总裁，杰克·韦尔奇被誉为"二十世纪最伟大的企业领导人"之一。他最成功的地方，应该是他在公司建立起以他为首的道德体系。

在为人处事上，韦尔奇从不摆领导架子，真诚待人，平等交流，公司上下包括韦尔奇的司机和秘书以及工厂的工人都可以叫他"杰克"。

韦尔奇经常给员工亲自留便条和打电话通知员工有关事宜，在他看来，沟通是随心所欲的，他努力使公司的所有员工都保持着一种近乎家庭式的亲友关系。一餐便饭、一封感谢信、一份小礼物，使下属以十倍的工作热情回报你，美化你。这些不需要花费许多钱，却抓住了员工的心，赢得了员工的心。不论心里想的是什么，韦尔奇都直言不讳。真诚、平易近人是韦尔奇的秘密武器，它为他赢得信任和感情，赢得了员工的心，也为他赢得"天下"。

我们知道，因为领导毕竟代表着一种社会地位，所以一个平易近人的领导就比一个高高在上的领导要容易得人心，即使他们在其他方面的能力完全一致。而事实上，我们也会发现，历史上那些大企业家、大领袖人物，几乎都是亲切待人很少摆架子的。因为这本是领导自身道德修养的一种体现。

本田宗一郎是一位很没有"架子"的人。他在担任董事长的几十年间，一直力图用慈爱主义来对待他的员工，以便建立一种员工对企业的忠诚。平时，本田宗一郎和员工穿一样的白色工作服，在同一个食堂吃饭，一有机会还同普通工人一起聊天。因此，不少员工视他为"哥们儿"。

作为公司总裁，本田很忙，但还是抽时间到一些现场生产线去视察。他习惯性地与员工握手问好，还拥抱年轻工人，轻轻地拍打着他们的背部，夸奖他们干得好，鼓励他们再加油。本田还经常利用出国访问的机会，绕道去看望设在该国的本田技研公司的员工们。

有一次，他到国外出差，顺便到法兰克分部看看。一下飞机，他就换上了员工穿的工作服。当时员工们都在工作，没想到总裁会突然来，所以没做什么准备。

为了表示关心和热诚，他与员工们一一握手问好。有的员工满手都是油渍，不好意思伸手，他就幽默地说："让我也带点油渍回去，告诉他们我这次不虚此行，带了好东西回来。"员工们不禁笑起来了。不管员工的手是干净的还是沾满油渍，不管是研究人员，还是一般工人，他都高高兴兴地去和他们握手。

他不只是对员工热情，以情感动他们，他给员工的报酬是全日本汽车制造行业最高的；员工业务学习和自我展现的机会，在日本大型企业也属最多的；员工平等竞争的环境，在日本所有企业中也是比较优越的。

杰克·韦尔奇、本田宗一郎以及许多杰出领导者的故事告诉我们，领导者在管理的过程中应放下架子，以一颗平常心来对待工作和员工，使员工不会有上级和下属高低层次的差别感。在这样的工作环境下，员工才会放得开，才愿意施展自己的才华。

那如何才能做到尊重员工呢？

首先，要尊重员工的人格、尊严、建议、要求等，尤其要尊重企业的小人物和普通员工的创造性建议。

其次，分派工作时，要从最低层级的员工往上指派。并且向你选定的员工说明这份工作的宝贵之处：诸如有挑战性、可以获得更多成就、有机会学习新技能等。这样，分派工作也会鼓舞士气。

另外，那就是当员工工作遇到困难时，主动为员工排忧解难，增加员工的安全感和信任感。如果工作中出现差错，领导要承担自己应该承担的责任。这也是对员工的尊重和激励的办法之一。

在日常的工作中，领导者要使自己成为仁者，凝聚员工的心；也要使自己成为智者，慧眼识英，起用有才德的人。这样，才把所有的员工团结在一起，从而形成一股强大的力量。道德型领导的最高境界，就是在企业中达到一种"不教而化，不言而行"的局面，这样一来企业大治，指日可待。

案例链接：柳传志在开会罚站制度中的领导力

联想公司在柳传志的带领下，由20万元起家，发展成为今天有上百亿元资产的大型集团公司，成为中国电子工业的"龙头"企业，和柳传志的卓越领导能力分不开。可以说，柳传志不仅是中国改革的风云人物，更是具有崇高威望的企业领导人。

在联想，柳传志奉行"其身正，不令而行"的领导策略。联想有一条规则，开会人数达20人以上时，若迟到要罚站一分钟。这个开会迟到罚站制度，十多年来无一人例外，即使是在合并IBM PC部门后的联想，也一直保持着这个纪律。联想大将杨元庆挂在嘴边上的经常是"Disipline"，英语的意思是"教育、惩罚"，有大人教小孩的意味，这甚至使原IBM员工听来就有点不舒服，可是制度还是要执行下去。

当年，"罚站制度"开始实行后，第一个撞到"枪口"上的，就是柳传志的一个老领导。当时的场面非常尴尬。

面对的老领导，如果柳传志严格执行，在人情上有点说不过去，如果不执行，又难以服众，当时的柳传志颇有些"两面受敌"的味道，但制度是必须严格执行的。柳传志很镇定地走到老领导面前，悄悄地说："完了我到你家给你站1分钟！"老领导当时也觉得心里很温暖，于是就遵循制度，站了一分钟。

迟到罚站，柳传志本人也不搞特殊化，一次，因为电梯故障，柳传志被困在里面，那时没有手机，叫天不灵，叫地不应，所以没有办法请假。最后开会迟到了，柳传志也没有找任何理由，心甘情愿地接受惩罚，自己罚自己站一分钟。

柳传志是一个人情练达的领导，在制度面前，他会顾及老领导的面子，懂得与老领导进行"秘密"沟通，用真诚坦率去感动老领导，既维护了制度，又兼顾了人情。能在企业中这样处人、待人的领导，收拢人心又有何难呢？

柳传志曾经说过企业中的"一把手"就像阿拉伯有效数字的"1"，后边的人就是"0"，有一个"0"就变成10，两个"0"就是100，三个"0"就是1000，没有前面的"1"就什么都不是。单位中领军人物选不好，也就发展不好。领导者既是一个组织中发号施令的人，也是这个组织中的排头兵——所有的成员都向领导看齐。在军队里，领导应该身先士卒，以身作则；在现代企业里更应该如此。一个领导的道德力量，才是下属执行力的上限。

天下即人心——领导德性如海，方能人才云集

领导者的工作，就是每天把全世界各地最优秀的人才延揽过来。他们必须热爱自己的员工，拥抱自己的员工，激励自己的员工。

——杰克·韦尔奇

由于社会分工越来越细，企业的成功更多的并不是领导者自己的成功，而是他领导一个团队的成功，因为领导给予团队竞争力，给了员工展现才华的机会和平台，才能让他们为企业做出更多的贡献，也在社会中展现自己的价值。

而与此相关的另一个问题就是，领导者如何才能汇集自己需要的人才？高薪？竞争？权谋？控人……也许都可行，但是有一个基础不可失，就是一

个"德"字。

《玉钤经》说："品德足以让远方之人慕名而来，信誉足以把各种各样的人凝聚在一起，见识足以借鉴古人，才能足以冠绝当代，这样的人就是人中之英；思想足以成为教育世人的体系，行为足以引为规范，仁爱足以获得众人的拥护，英明足以烛照下属，这样的人就是人中之俊；形象可做别人的仪表，智慧足以决断疑难，操行足以警策卑鄙贪婪，信誉足以团结不同的人们，这样的人就是人中之豪；恪守节操而百折不挠，行义举受到诽谤而不发怒，见到让人唾弃的人和事也敢于挺身而出，见到利益不随便去获取，这样的人就是人中之杰。"

"英、俊、豪、杰"是都人中精华上品。一个领导者至少要能够成为其中之一，才算是一个真正有领导力的人，自然能让四海的人才都来归附。

有时候，"道德"被形而上的理论分析得太多，反而显得高高在上。其实，在生活中，道德的举止就是一项有效的人际技能，如果你和他人建立了亲密关系，在和他们交往的时候你就会更倾向于建立道德性。所以，领导者自己以德示人，也会在企业中建立起一种道德的风尚，即收获正能量！

因为领导在组织中所处的地位以及领导对员工工作结果的控制和影响，领导的行为会被员工模仿，尤其是组织所期望的行为或者所反对的行为。因此，道德型领导会促进员工的积极行为，降低员工的消极行为。

"男人要学李嘉诚，不仅仅因为他富可敌国，更是因为他以自己的财富与智慧，回报生养他的社会，改写了中国财富的历史。"这是4月26日人民大会堂"2006年中国慈善排行榜典礼"上，主办方在给李嘉诚授予"年度特别贡献奖"时说的话。

从商几十年里，李嘉诚始终恪守一个"德"字，即使面对财富，他也要把德、义摆在第一位，"义在财先"是他一生遵循的"铁律"，他说有时"德"、"义"比生命还重要。所以他没有失约于一个陌生人，冒着可能得罪客户的风险，选择了信守承诺，选择了"德"；他宁愿丢一个客户，也要帮助一个需要帮助的陌生人，因此他也选择了"义"。

他的事业做到了非常成功的地步，他本人也成了万人景仰的华人首富，但是这些巨大的光环并没有改变他的伟大品格，他依然是那样的勤劳俭朴、平易近人、乐善好施。

李嘉诚认为："富贵"这两个字必须分开而看，"富"者不一定"贵"，真正珍贵的，还在于你为社会做了什么，在于所做之事能否令世人得益，只有你做些让世人得益的事，这才是真财富，任何人都拿不走。而正是因为这样，李嘉诚也得到了丰厚的回报，包括财富和荣耀以及其他。

自古以来，取得成功的人都是虚心向学，德艺双馨的。试想，一个领导者，如果具有开阔的心胸，能够虚心听取别人的建议、尊重员工、关心员工，怎么不会使员工真正的心存感激？而员工自然会以更好的姿态投入到工作中去。从某种程度上来看，这也就是领导者真正做到"无为而治"的开始。

被喻为经营之神的松下幸之助谈到自己对企业的管理时，曾有过这样一段话："当公司有100名员工时，我必须站在员工前面以身作则，发号施令；当公司有1000名员工时，我必须站在员工中间，协调各方，相互配合，努力工作；当公司有10000名员工时，我必须站在员工后面，以虔诚之心祈祷他们万众一心，众志成城。"

松下幸之助的这番话恰恰道出了企业文化的力量。当企业规模较小时，管理者往往会亲力亲为；到发展阶段时，就会用严格的制度来保证企业的正常运行；当企业达到一定规模时，就要祈求员工万众一心。这种"无为而治"的力量来自一种思想影响力。而这种强大的精神力量，就是优秀的企业文化。

在企业中，领导人在实施领导的过程中，总有诱惑使他们牺牲一些道德准则来达到称为商人的原始目的——赚钱。似乎从某一个角度说，道德与利益就像一个天平，此消就会彼长。

所以现实生活中，就有了一些企业的领导人违反道德规范，制订不合理的战略计划、商业对策、管理制度等来谋求经济利益。这就会让我们看到一个让人感到迷惑的现象：虽然这位领导不厚道，但公司利润是上涨的。在短期看来，或许还有加速度上涨的趋势。但是，领导一定要清楚，这只是短期的现象，真正要维持长期的发展，基业长青，必须有道德作为基石！是为：德行天下！

领导力测试：你是个识才的领导者吗

发掘潜在的高层主管，是每一个高层领导必须做的事。面对企业内各种各样的部属，你有能力分辨出在未来会有杰出表现的那些人吗？

根据下面的问题，估计你所认为有潜力的人才是否如你所想。请用"是"和"否"来回答问题。

1. 他对工作展现热心和承诺吗？

2. 激发并鼓励他的下属吗？

3. 能和其他部门的同事友好合作吗？

4. 能将好的构想付诸实施，并且获得优异的成绩吗？

5. 能提出自己和职员设定要求的标准吗？

6. 能有效地分析问题，并且能提出开创性的解决办法？

7. 能果断地做出决策吗？

8. 面对复杂的情况和困难仍然能坚持执行行动吗？

9. 对自己的行为和决策的后果有一定的预测能力吗？

10. 他的观点在大多数时候是能赢得别人赞同的吗？

11. 看问题的角度宽广并且总是能从不同的层面看待问题吗？

12. 当面对不同的意见，他能尊重那个提出相对观念的人吗？

13. 总是鼓励下属提出构想和建议吗？

14. 充满创意，乐于开发团体新的工作项目，而不会太依循传统的事务吗？

15. 能够对他的下属进行有效授权吗？

16. 有系统地教导和开发他的下属职员吗？

17. 定期检定他的下属职员的培训需要吗？

18. 他是能保守机密的人吗？

19. 当面对一项需要持续耐力的艰苦工作时，他能抱着乐观的态度坚持下来吗？

20. 他能应付长时间的工作压力吗？

21. 他是一位好的倾听者吗？

22. 他是一位语言表达能力比较强的人吗？

23. 他在工作中能不断地更新自己的知识和技能以应对时代发展吗？

24. 他对相关部门的角色和功能是否有本能的意识，而且有克服问题的自觉？

25. 他愿意在必要时承担额外的责任吗？

26. 当组织出现危机的时候，他能迅速且有效地处理吗？

27. 当碰到他无力处理的问题时，会主动设法寻找援助吗？

28. 他会指出组织中那些需要加以改进的地方吗？

29. 他有足够的心理弹性来应对工作中的挫折吗？

30. 他是一个忠诚但不盲从的人吗？

31. 他是来自某个专业或者管理协会的成员吗？

32. 当组织有运动或者社会活动的时候他一般都主动参与吗？

33. 他的同事和下属都喜欢他并且愿意听从他的建议和吩咐吗？

34. 他有着现实的工作抱负，并且能够说出这种工作抱负对他个人生活可能产生的影响吗？

35. 在他的生活社区空间里，他一般是活跃并且有人缘的吗？

本测试题，每一个肯定的答案给 1 分。答案"是"的项目越多，那么表示这个人的潜力越大。

分数 30 ~ 35 分：

他确实是个难得的人才。作为领导者，应该让他有快速升迁的机会，不然他可能会转而寻找其他的新平台。

分数 21 ~ 29 分：

很明显这是个有相当潜力的人才。虽然有些地方还有待改进，但是在领导者的特殊引导和指导下，相信他很快就会成长为企业的栋梁。

分数 11 ~ 20 分：

你是不是有点高估此人的能力啊？可以看出，在他被考虑委以重任之前，他还有不少功课需要补。作为领导者，首要的不是考虑他的升迁，而是应该想想如何为他制订一个发展计划，在鉴定他的需求的前提下。

分数 10 分以下：

恐怕作为领导者，你要考虑的不再是这个人是不是人才，而是自省，自己在识人上还有多少需要学习的地方。

第七章 领导说在"嘴上",要让下属甜在"心里"——领导激励下属的道与术

赞赏,最神奇的一滴动力之蜜

人性最高层的需求就是渴望别人欣赏!

——美国著名心理学家威廉·詹姆斯

每个人都有渴望被别人赞赏的心理。马斯洛在他著名的需求理论中就认为,人类最高的需求是"博得尊重和实现自身的价值"。而赞赏,特别是来自领导者的赞赏,恰恰能满足这种最高的需求。因为从心理学层面上来看,赞赏一个人,就是承认他的价值。被赞赏者则能找到自我认同的满足感。

心灵的能量是如此强大,甚至超出我们的想象。你知道吗?作为领导的你,平时一个肯定的微笑、一句中肯的表扬,都会在下属心中激发强大的精神动力,并最终转化为工作的热情和积极性。我国有位企业家曾在年会上这样说道:"人都是活在掌声中的,当部属被上司肯定、受到奖赏时,他就会更加卖力地工作。"

　　有一个人力资源公司，对"激励"做过专门的研究。他们对 1500 名在不同岗位工作的员工进行访谈，让他们说出心中认为最有效的激励因素。占据第一的因素，居然是"得到上级的赞赏"，得票率远远高出其他激励方式。但遗憾的是，同样在这项研究中，有将近 60% 的员工表示，领导"是吝于给出赞赏"的。

　　"吝于赞赏"，不完全是领导过于严苛，也有其特定的文化因素。在中国文化中，赞美、赞赏都是一种评价，而在西方文化中，赞美、赞赏却是一种善意。举个特别小的例子：孩子在学校值日，值了一百次，老师从没向家长表扬孩子，而孩子偶尔一次没有值日，告状的电话马上来了！所以，其实不是领导"吝于赞赏"，而是我们一直生活在一种缺乏赞赏心的文化之中。

　　对领导来说，明白赞赏在领导力因素中所占的重要地位，懂得赞赏之道，将会使你的企业、团队有惊人的改观。有这么一个实例，应该可以帮助我们理解赞赏的重要性！

　　查尔斯·史考伯是美国钢铁公司的第一任总裁，也是美国商界年薪最先超过百万美元者之一。当时，曾有记者问他："你到底有什么过人的本事，能让你的老板愿意一年付你超过 100 万美元的薪金？"

　　史考伯回答："我对钢铁懂得并不多，但我有一项本领，也可以说是我最大本事，就是我能使员工鼓舞起来。"记者接着问："你一般都是用什么方法来鼓舞员工的呢？据我了解，你公司的薪金和奖励并不是同行业内最高的。"

　　史考伯回答："鼓舞员工的最好方法，就是表现真诚的赞赏和鼓励。"

　　史考伯凭着赞赏人的能力，就当好了全美国最大的钢铁公司的老总。而赞赏，并不需要你多支出一分一毫，只要一点真诚，一点用心，就可以获得非常惊人的激励成果。因此，赞赏也被称为"零成本激励法"。

　　赞赏不是随便乱夸，而是真心诚意地从内心发出的赞美，目的也不是讨部下的欢心，倒"拍马屁"，而是帮助你的下属成长，帮助他们扬长避短，发现优点，改正不足。

赞赏之道——赞赏的目的是鼓励下属，要从对方的需求出发，切实、有针对性地真诚赞赏。只有怀着这样的心态去赞赏，才能收到良好的激励效果。当然，明白了赞赏在激励中的重要作用，仅说明你知"道"了，要真正做到，还需要一些实际的可操作的技术，这也就是领导要掌握的"术"。

归纳一下，领导对下属的赞赏，至少要注意做到以下几点：

一、赞赏要具体、实事求是

赞赏不是花言巧语、甜言蜜语，而应该根据下属的文化修养、个性特征、职业特点以及不同的性别、年龄、生活经历等因素，进行恰如其分的赞赏。比如，对一个高学历、高智商的下属，称赞他有思想，比称赞他高效率可能更容易得到认同；对一个有点内向的技术员，你赞赏他的稳重可靠，肯定比夸他有想法要更合适；对一个非常有能力的经理，赞赏他在做具体某件工作时的出色表现，要比笼统地夸他很有能力很能干要深入人心。领导者要警惕不切实际的过多的赞美，那会使下属觉得你轻浮、从而降低你的威望和可信度。

二、赞赏要细致，忌流俗

让赞赏不空泛，有个小技巧，就是赞美他不易为人所知的优点或最微小的进步。人都是最关注自己的，如果领导能够在他不为人知的微小进步中给予赞赏，就会让对方产生知己之感，知道自己在被领导关注、被领导体贴，正常的人都会被感动。所以，这种具体的细致入微的赞赏，比一般泛泛的称赞更容易收到效果。比如，对一个美女下属，不落俗套地赞赏她的工作效率或者出勤率，可能会有很不错的激励效果。

三、通过第三者间接赞赏

通过第三者传递的赞赏，有时候比当面赞赏更有效。因为当面赞赏，有些人会产生疑惑：领导这是给我灌米汤吧？试想同一句赞赏，领导当面夸某某下属："这次的报告写得很用心。"下属可能觉得领导是随便说说。如果领导在跟另外一位同事聊天的时候说："某某这次的报告做得非常用心，我很满意。"而这句赞赏通过这位同事，传到当事人耳中，产生的可信度就很高。

在德国历史上，有"铁血宰相"之称的俾斯麦，就成功地用这个方法，和一位跟他有矛盾的议员化敌为友。他有计划地在别人面前说那位议员的好话，因为俾斯麦知道，那些人听了自己对议员说的好话后，一定会把他的话传给那位议员。后来，那位议员不仅消除了对俾斯麦的敌意，两人还成了无话不说的好朋友。

当然，领导赞赏下属的技巧不止于此，只要平时留意他们的可赞美之处，真诚地去发现他人之"美"，有时哪怕是最简单的方法，也可能是最有效的。而如果领导自己本就无意培养下属，无意激励下属的成长和进步，那么即使掌握了很多赞赏的技巧，可能也会让人觉得浮夸和虚伪。"道"、"术"并用，缺一不可。这一点，领导不可不知。

案例链接：小赞赏让"最差部门"大变身

西北某生产重型机械的大型企业为扩大规模，兼并了几家小型同行业企业。虽然设备等物资都进行了良好的组合，但是被兼并公司的一部分员工很难习惯该企业的管理制度，虽然经过培训、整顿，甚至换了几个全公司最严厉的经理去管理，但这批人始终无法与公司文化共融。这个部门的生产进度也是最慢的，产品质量差，员工违纪多，公司高层萌生了砍掉这个部门的念头。而这些员工也就更加松散，反正早晚都要被裁掉，索性当一天和尚撞一天钟。

出于全面的战略考虑，企业中出了名的管理能手童经理提出，让他去试一试。如果能够成功，不仅可以保留这个部门，还能起到安定人心的作用。企业高层开会研究后，同意了童经理的请求。

上任伊始，童经理带着几个副手对这个车间做实地调查。一看，这里可真不愧是"最差部门"：生产现场又脏又乱；员工们一副冷漠的表情；不少岗位看不到人影；乍一看，很难相信这居然还是一个在运行的生产车间。

童经理看在眼里，没有说什么，只是拿出他随身带的小本子，认真地在上面写写画画。

生产现场了解告一段落，接下来就是开会分析了。参加会议的员工们没精打采地等着挨训。反正这样的事情，已经不是第一次了，他们已经麻木了。

可是出乎所有人意料的是，童经理面带微笑地看着大家，一边翻手里的本子，一边逐条罗列他今天看到的优点。虽然这些优点，在他的副手看来，简直就是"矮人里挑将军"，比如"今天的出勤率超过了昨天的30%"也算在内。其实，今天新经理上任，但凡有点儿常识的人都会来露个面，出勤率自然会高，连这个也要算作进步加以表扬吗？

童经理的副手固然一头雾水，下面的员工也听呆了。这可能是公司兼并以来，他们第一次听到赞赏！惊讶、怀疑、不解……各种表情一时俱全，但慢慢地变成了微笑。

当会议开到尾声，员工们已经是一脸心悦诚服的笑容，有人频频点头，还有人也拿出小本子把童经理的话记在上面。童经理讲完话，大家自发鼓掌。

最后，童经理只提了一个问题，就是出勤率，他希望明天的出勤率能高过今天。

第二天的情况就不难想象了，童经理再去部门巡视，虽然工作状态跟昨天差不多，但是出勤率真的大大超过了昨天，创下了部门新高。

　　这只是一个小小的改变，却是新起点的开始。半年之后，这个"最差部门"虽然没有神话般地一跃成为"最佳部门"，但是无论工作效率还是生产质量，都不再给企业拖后腿了。很显然，假以时日，这个曾经差点被全盘放弃的部门，会逐步和企业的文化完美融合、共同进步！

引车卖浆道与术：如何理解赞赏

　　◆对于企业中那些很久没有听到过赞赏的"最差"的人，如果领导肯为他们去掉"最差"的标签，发现他们身上哪怕只是很小的发光点，对他们的鼓励也是非常大的。

　　◆赞赏，也未必一定都要是存在之事。也可以用赞赏来说出你的期望值，让下属知道怎么做是好的。当他们觉得这种赞赏是悦耳的，他们就会朝着这个目标去加倍努力，比直接的批评或说教往往更有效。

　　◆赞赏后，只能指出一个继续改进又能立竿见影收到成效的问题。比如童经理提出的出勤率，是最容易在短时间内被改正过来的。这样员工能很快享受到改变的成就感，从而树立起步入正轨的信心。

描绘美好愿景，领导者是贩卖希望的商人

企业的愿景可以集中企业资源、统一企业意志、振奋企业精神，从而指引、激励企业取得出色的业绩。战略家的任务就在于认定和表现企业的愿景。

——当代著名政治哲学家约翰·基恩

愿景，是领导人对于企业的员工所从事事业的认识，是企业未来一段时间内所要达到的状态，是全体员工为之努力的共同理想。使命，是企业存在的价值和理由，为企业开辟出广阔的生存和发展空间。

愿景让人看到预期，让人充满希望，能够激发员工不断前进的欲望，也能有效地提高企业生产效率，对企业的个体有强大的凝聚功能。

几乎没有人否认，所有伟大的领导者都具备以下两种特质：他们明确未来的蓝图，并且能够影响他人参与到实现蓝图的队伍中来。

但是，并不是所有的领导人都能做到有了愿景，和能够将愿景传达给身边的人，并让大家一起为这个愿景努力，是需要一定能力的。《领导》杂志的调查显示，将愿景传达给员工是领导人最头疼的一桩工作。那么，到底是什么阻碍了领导人对愿景的描绘？或者说领导者应该如何描绘愿景，才能让下属乐意跟随？

一、找到共同的目标

有些领导者会认为，展望未来是决策者的事，下属只要服从命令听指挥就行了。但是，这样想的领导往往将成为独自寻找愿景的孤家寡人。

其实，不论是组织心理学还是社会心理学都对这个问题有过详细研究，

结果就是：没有哪个人真的喜欢别人来告诉他应该做什么，或者应该去哪里。即使那个人说得完全正确。所以，愿景不应该是自上而下的，而是大家一起创造的。这样，下属才有动力去追求梦想，为共同的目标一起努力。所以，一个领导描绘的美好愿景，绝不会是领导者个人的理想，而是和下属一起创建的愿景。领导的责任，更多的在于共启愿景，让大家都找到共同的目标，并且参与进来。

乔达摩·阿格瓦是美国一家药品公司的产品经理。刚刚被提拔上任时，他做的第一件事，就是"让团队成员明白我们部门的愿景是什么，以及如何达成工作目标"。因为领导者对未来的愿景，必须得到过去和现在的工作的支持。

为此，乔达摩召开了一个所有人参加的公开讨论会。在会议上，他请每个人就产品线在市场上当前的表现和未来3~5年的表现发表意见。通过这个会议，他让所有人明白了企业目前所处的地位以及目前在做什么，从而找到了应该选择的最有前途的道路。

二、打造有一定高度的愿景

为什么要把领导称为贩卖希望的商人？因为在营销理念中有个非常著名的概念，就是为客户打造需求。优秀的商人贩卖的不是商品，而是客户的内心需求，商品只不过是满足需求的一个外界物。而一个优秀的领导者也要有为下属明确人生需求、打造人生需求的意识。这种做法跟马斯洛的需求理论也是相符合的。

做过领导的人都知道，用奖惩来激励下属，一开始很好用，但往往越来越没有效果。因为人对于物质的需求、对于财富的欲望，是随着财富的增多而递减的。而愿景，则是人生更高一层的价值取向。试想，一个领导可能号召一群衣食无忧的员工"大步奔小康"吗？所以，愿景要想有感召力，就必须有一定的高度，也就是要体现对人类生存的更高境界的追求。这样，人内心的力量才会被激发出来。

"二战"期间，降落伞被大量制造和应用，在生产线上的工人看来，这项工作单调极了，无非就是每天伏在缝纫机上 8～10 个小时，没完没了地缝制各种颜色的布条。一天下来，乱七八糟的布片堆积如山。然而，每天早上，都有人告诉工人，她们缝的每一针每一线，都是拯救生命的神圣工作。而且，她们生产的降落伞，也许就可能正好背在她们的丈夫、兄弟或者儿子身上。

于是，即使工作再单调，时间再冗长，后方的女工都能在理解工作意义的基础上，兢兢业业完成工作。

愿景能够驱动人们前进的真正原因是愿景让他们相信，自己正在从事着一个激动人心的事业，这个事业一定能完成，而且当完成之时，他们的家庭、人生都会有很大的改变。越是在困难的时候，这种愿景激发出的能量越大。

三、描绘共同的理想，使愿景形象化

美国国家收款机公司的总裁约翰·帕特森说："我这一辈子都是这样过来的，先是自己努力耕耘，然后找到志同道合的人来与我同行。商业成功很重要的一点就是，让其他人明白你的目标是什么。"所以，愿景的形象化非常重要。

说到愿景的形象化，就不能不提马丁·路德·金那篇脍炙人口的演讲《我有一个梦想》。这篇演讲流传如此之广，不论是哪个国家、哪个民族、哪个年龄段的人，都会被里面清晰、高尚的共同愿景而深深感动。心理学家曾经从专业的角度研究过这篇演讲，发现其中对愿景的描述之形象，非常值得我们尤其是领导者学习。

在《我有一个梦想》中，金博士呼吁大家追求共同的利益；他运用了很多想象力和画面，让听众仿佛身临其境；他提到孩子，不仅是自己的孩子，

这让所有人都觉得与自己有关系；他还提到了很多地名，这些都是人们熟悉的或者可以想象的；他以不同的方式多次阐述同一件事情；他称述现实的困难，但是接着马上表明对未来的希望；他充满深情地描绘人们的共同利益，让人好像感到了梦想的实现⋯⋯

恐怕有领导人要质疑了：我既不是金那样的魅力超人，也不是传道的牧师，甚至连满怀激情地去沟通都还不是很熟练，那我该怎么样描绘美好的愿景？不要紧，即使你真的拙于言辞，甚至性格偏内向，平时还有点小严肃，没什么煽动力，你也可以通过以下几个小技巧来将愿景展现得清晰生动。

首先找一两句能代表愿景的话，然后在日常工作、谈话、会议中多次重复它，让它形成一个固定认知。诸如金的"我有一个梦想"等。我们可以把这一条称作：标志性口号。

其次选择隐喻性的吉祥物（公用物）。这点也许不太好理解，简言之就是传达愿景的物品，它不是口号性的文字，而是将愿景形象化地展现出来。最常见的就是公司 Logo。但是领导者可以根据具体情况，设计更多的这类隐喻性物品。

最后真诚、发自内心地相信愿景。这点其实最重要。如果你连自己说的话都不相信，你无从感染他人。如果愿景不能让你兴奋，那么它又如何让你的下属激动？一切的沟通都以真诚为出发点，描绘愿景当然也不例外。

引车卖浆道与术：共启愿景，感召他人

◆与下属交谈，了解他们的希望、梦想以及对未来的抱负，并将之和目前的共同愿景结合研究。

◆确保你的下属和员工知道是什么使他们的工作显得独特和与众不同。

◆告诉你的追随者，他们的长远利益将在实现共同愿景的过程中得以

实现。

◆领导者必须自信、积极，善于工作和生活，保持高昂的斗志。

◆对组织的兴奋程度负责，学会表达情感，有意识地为自己的语言和行为附加浓烈的情感。

◆运用生动形象的隐喻、象征、案例、故事、图片等工具，象征性地展示愿景。

◆制定具体目标的时候要清晰明确，把握"跳一跳、够得着"的原则。

少命令，多商量——有好心情才有好业绩

命令只有在其他方式不适用或失败时才用。要像一个善良的立法者一样，不会因为去压迫人而高兴，而因为用不着压迫而高兴。

——英国教育家　斯宾塞

很多领导者在工作中习惯下命令，觉得下属只要执行就行了，认为这样才是高效的工作方式。而且能够成为领导者的人，大多性格中有着强硬和善于决断的一面，这样也就使得"下命令"成为领导者常见的工作内容。

可是，身为领导的你可能有这样的感觉：现在的员工越来越难应付了，没钱他们没干劲，有钱也未必能提高他们的工作效率！特别是那些知识型的下属，即使制定再细致的奖惩制度，也很难激发他们的工作热情。而究其原因，其实还是可以回到马斯洛的需求理论上来：人有希望被尊重、被重视的需求。

的确，每个人都希望得到别人的尊重，而一个人之所以愿意努力地工作，

不仅是为了获得金钱，更大的因素是，通过工作业绩得到他人的尊重。换言之，若你的下属得不到应有的尊重，就很难指望他们愉快地工作，相应地，也就难以提高业绩。

所以，对于领导者来说，要想让下属充满激情地工作，尊重可以说是一件法宝，其功效不可低估。那么，如何体现对下属的尊重呢？很显然，尊重不是口号，也不是写在规章制度里的条条框框，尊重是一种从内心发出的情感，并且会在工作的细节中一点一滴地反映出来。永远不要把员工当傻子！你一定要坚信，自己对员工的好坏，员工凭借直觉就能知道。如果你对他们心存敬意，就会让他们感到工作的快乐，接着，他们会以自己的实际行动来报答你的赏识。

那么，怎么样才能在工作中表现出对下属的尊重并且能让他们感受到呢？当然也有一些可操作的实际方法。

比如，遇到事情，领导先不要急于下结论，而是让他们先说。这里举一个很善于开会的老总的事例。

当会议开始，这个老总会坐在一边，让相关的人畅所欲言，那些对这个话题感兴趣的员工也可以参加并且自由发言。当大家接受的信息都大致对称了，开始自由讨论，这个老总还是不说话。直到最后，会议商量出了结果，如果跟老总原来设想的答案一样，老总就会大手一挥，说："按大家商量的办。"如果没有得出结果，或者得到的结果不尽如人意，老总才会拿出自己事先准备好的方案，为大家拓宽思路，让大家再探讨。

当这个老总刚刚开始推行这种会议制度的时候，公司里很多人都认为他浪费时间浪费精力，因为十次有八次会议，下属们讨论出来的结果，跟老总事先准备的是一样的。还有几次是下属们的答案根本没有达到老总思考的高度，所以最后还是按照老总的方略行事。既然这样，何不干脆一开始就发个通知大家照做就是！

可是，随着这个看似无用的"商量会"的持续召开，有心人发现，公司里的人气开始旺了，员工们之间的凝聚力、向心力强了。可是，公司既没有加薪也没有大改革，除了那个"商量会"。

后来，还是这位老总道出了个中玄机——说白了也很简单，虽然也许商量后的结果跟老总最初的决策案一样，但是让员工被动地接受命令和让他们自己开动脑筋的区别是，经过思考、讨论甚至争辩才得出结论，在潜意识上会被员工们看作"自己的决策"。很显然，人对于自己做出的选择，都会更用心地去执行并且维护。

至于不太合适的答案呢，也不会打击员工的积极性，因为他们已经参与了，即使答案不尽如人意，他们也已经感受到了尊重，知道自己是公司的一分子，而不只是一个干活拿钱的"打工者"。同样有助于增强企业的凝聚力和向心力。

所以，一个想要激励下属的领导，也许未必一定要亦步亦趋地学这个老总开会，但是要明白，即使最后决策的答案完全相同，让下属一起商量和直接下命令的结果也不一样。因为管理的核心是人，而不是产品。

另外，为了表示尊重，领导要懂得请教专业技术人员——这也可以归到"多商量"的范畴，不过不是上面分析的"一对多"的情况，而是"一对一"。我们知道，领导的过人之处，并不在于他无所不能，而是在于拥有管理、整合、协调的能力。很多领导对专业的技术都所知不多，即使是从专科技术人员提拔上来的领导，也不可能成为各方面的专家。所以，有时候请教一些专业的问题，会让下属感到自己是被重视的，这比空泛地谈论尊重要有效果得多。

韩国一个银行夜里遭劫，当时只有一个留守值日的清洁工。出乎劫匪意料的是，这位清洁工以一人之力，抵住了劫匪施暴，虽然身负重伤，但还是保护了银行的财产，并且及时报警，劫匪落入法网。但这位清洁工的行为在让社会赞叹之余，也引起了一些人的不解。有记者就以此为题，去采访他："你只是一名清洁工，保卫银行财产并不是你的责任，一般人遇到这样的事都会选择自保。你当时的情况很危险，一个不测完全可能失去生命，你难道就一点都没有想过自己吗？"

这个清洁工说："我当然怕死，但是我更不能让银行受损。因为这家银行的经理每次碰到我的时候，都会停下来对我说'谢谢，你把地擦得很干净'。有一次他还问我怎样才能把密封的玻璃外窗擦得又快又干净，说是要回家教给他的保姆。我在不止一个公司工作过，这是唯一一个尊重我和我的工作的领导。所以，当那天银行里进劫匪的时候，我就想，这是我报答他的机会到了！别的就没多想了。"

领导的尊重，换来的是清洁工的死命报答。这就是我们中国古话所说的"士为知己者死"啊。当然，今天的领导不是古时候的帝王将相，我们不需要员工生死效命，只要他们保有良好的工作热情，创造稳定上升的业绩就够了。尊重，就可以起到这样的激励作用。

当然，我们不是说领导不能下命令，市场风云变幻莫测，很多事情的确需要领导者当机立断做决定，不可能紧急关头还一个个去征求意见开碰头会。但是，在环境和条件都允许的情况下，领导者应该尽量少命令，多商量。这样既能表达对员工的尊重，又能集思广益，充分听取员工的不同意见，更有利于做出最佳决定。

知识延伸：著名管理顾问尼尔森激励员工士气的十大法则

1. 亲自向员工的杰出工作表现表示感谢，一对一地亲自致谢或书面致谢。

2. 花些时间倾听员工的心声。

3. 对个人、部门及组织的杰出表现，提供明确的回馈。

4. 积极创造一个开放、信任及有趣的工作环境，鼓励新点子和积极的主动性。

5. 让每一位员工了解公司的收支情形、公司的新产品和市场竞争策略，讨论每位员工在公司所有计划中所扮演的角色。

6. 让员工参与决策，尤其是那些对其有影响的决定。

7. 肯定、奖励及升迁等，都应以个人工作表现及工作环境为基础。

8. 加强员工对于工作及工作环境的归属感。

9. 提供给员工学习新知及成长的机会，告诉员工在实现公司目标的过程，管理者如何帮助其完成个人目标，建立与每位员工的伙伴关系。

10. 庆祝成功——无论是公司、部门或个人，都应挪些时间给团队，来举办士气激励大会或相关活动。

管理不是躲猫猫——以价值为本的员工激励

道冲而用之或不盈，渊兮似万物之宗。

——《老子》

不会有领导否认，对一个组织来说，领导者唤起成员们共同的价值、理想、愿景或者信念的行为是一个企业走向成功的不可缺少的要素。而随着知识经济时代的来临，新技术在管理上的运用带来的多种变革、全球化让企业面临的多元文化，都在加大用无形的价值纽带来提升人力资本的重要性。

领导者如果能树立员工与企业共有的价值观，它会促使员工追求职业生活中自我价值实现的同时，促使员工自愿、持久为企业做出贡献。

美国心理学之父、哈佛大学教授威廉·詹姆斯经过研究发现，按时计酬的员工每天一般只需要发挥20%～30%的能力用于工作就足以保住饭碗。因此，如果能充分调动其积极性，那么他们的潜力将发挥到80%～90%。

而各国的领导学研究者也用多项实证研究成果表明：在实际生活中，唤醒下属共同愿景，建立共同价值的领导行为与下属的满意度的相关性达到81%！

另外，如果员工具有与企业共同的价值观念，员工就会自觉形成利益共同体的认识，从而奠定员工对企业的深厚情感，自觉为企业的目标努力奉献，它的效果，将大大高于金钱的激励。

比如，在日本企业集体主义非常浓郁，高层经理的年收入跟普通员工差别并不大，一般为4～5倍。而相比之下，美国不少CEO的年收入超过百万美元，为普通员工的41倍！可见，日本的家族式企业和集体主义精神，能够从信念上、从根本上激励工作热情。员工们在工作中也许并没有获得非常多的经济利益，但是却收获了精神满足和成就感。

以价值为本的员工激励不仅在企业管理界适用，无论是总统、财富五百强的CEO、中层领导、军队甚至教育机构的领导都可以通过唤醒下属共同愿景、建立共同价值，获得有效的领导成果。

那么，组织的共同价值观该如何形成？企业领导又要如何才能激励成员朝着共同价值观努力？

我们先来看著名的海尔集团是如何打造激励机制的。

海尔集团有个大家都很熟悉的理论——斜坡球体理论。这可以说是海尔集团完善的用人机制和激励机制的理论基础。该理论把员工视为斜坡上的球体，球体周围代表员工发展的舞台，斜坡代表着企业的发展规模和市场竞争程度。

海尔的领军人物张瑞敏认为，促进一个员工实现自己的目标及前景，有两个动力："内在动力"和"外在动力"，而外在动力就是企业的激励机制。所以，海尔通过"你能翻多大跟头，我给你搭多大台"的人才战略，在企业内部设立"海尔奖"、"海尔希望奖"，对激励员工的自主性、创造性以及鼓励他们印证自己的智慧和才能起到了积极作用。

那么，树立共同价值观的企业员工激励管理是不是有一些共同的方法可以参照呢？归纳起来，主要有以下几方面：

首先，在招聘时，尽可能招聘和企业价值观一致的员工，考察其个人需要，选择那些很可能在组织的工作中能得到满足的人。在招聘初期，就剔除与企业价值观完全相悖的人员，确保企业共同价值观的树立。

企业要保证对员工进行企业价值观的专业教育。而且领导者要把对员工宣传、描绘企业的价值观和精神文化作为自己的工作之一来落实。比如 CE 公司的 CEO 会被要求每个月必须有 15% 的工作时间用于跟员工沟通价值观念。

在员工培训中，要求培训者清楚地为员工描绘企业的愿景规划、向员工展示自己对企业价值目标的不懈追求和牺牲精神、传达对员工的高层期望和对员工的高度信任，以唤起员工对企业价值观的认同和接受，从而使其内化为员工自愿的追求。

在具体工作中，要做到有效授权，让员工最大限度地贡献出自己的智慧、经验和创造力。

充分放权、授权，也促使各级员工在职业生活中更快地成长，确保企业是员工价值目标实现的场所。

另外，在晋升中，要做到，能者上，庸者下，晋升个人价值观和企业价值观一致的业绩优秀者。

总之，以价值为本的员工激励，作为一种新型的领导方式，通过价值观的形成、认同、传递和实现，打造员工的归属感、忠诚度、满意度等，来实现组织的最大产出；在企业竞争中以领导价值观的认同为激励手段，实现自我效能的最大化。

领导者可以先通过一定的制度打造价值观统一的企业文化，最后在发展中慢慢形成"自我管理式"的组织模式。即通过授权，使一个个战略单位经过自由组合，选出自己的成员、领导，确定其操作系统和工具，并利用信息技术来制定他们认为最好的工作方法。

这种"自我管理式"团队的组织方式可以使组织内部的相互依赖性降到最低，在国外受到惠普、通用等国际知名企业的重视，也将是新时代企业领导发展的方向。

领导力测试：你是优秀的演说者吗

善于演说是领导人该具备的能力之一。不管是在公共场合，还是在公司内部会议，或者只是面对小范围的路人，领导人都应该有能力用清楚而有说服力的态度，将需要的内容和想法表达出来。可以说，演说能力和领导者的形象以及发展有着深远的关系。

现在，假设你要对一个约 50 个人的团体发言：

1. 在决定谈话的目标时，你会：

A. 了解听众对你谈话的主题认识多少，然后有针对性地修正谈话的内容以符合他们的需要

B. 了解高层主管的需要和想法，让谈话的内容尽量往这个方向靠拢

C. 选择最有趣的论点，以吸引人的注意力为主要设计内容的主要方向

2. 在发言的时候，你会：

A. 阅读一份精心准备好的稿件，避免说不出话或者临时忘词

B. 发言前精心准备讲稿，发言时带一个提纲备忘

C. 说话不看笔记，期待一切"平安度过"

3. 你会如何准备开始你的发言？

A. 告诉观众希望他们不要觉得太枯燥

B. 说自己口才不好，请大家多多谅解

C. 说出你谈话的目的和涵盖的内容

4. 到了会场，你才发现你面对的是一个空间很大但没有麦克风的环境，你如何来保证每个人都能听到你的发言？

A. 问听众："你们听得到我的声音吗？"

B. 问坐在最后面的观众："你们能够听到吗？"

C. 不考虑这个问题，听不清的人自然会来告诉我

5. 如果大部分的听众对你要谈的主题了解很少，你该如何遣词造句？

A. 使用众所周知的简单字、词，确保他们能听懂

B. 干脆使用大量专有名词，他们能听懂多少是多少，但让他们对你的知识和专业能力留下深刻印象

C. 一开始便分发一份专有名词解释参照表，让他们参看并鼓励他们提出问题

6. 你的讲话语速是怎样的？

A. 不论快或者慢，保持速度的一致

B. 在强调主要的重点时，会有意识地放慢速度

C. 不怎么特别注意语速，随心所欲

7. 语调也是一项很重要的因素，你会如何处理？

A. 保持相同的语调，让听众习惯、适应

B. 保持通顺、不卑不亢的语调，让听众觉得你是"客观而专业"的人士

C. 在表达自己所热衷的事情时也能尽量保持自然的语调

8. 与听众保持良好的视线接触也是很重要的，一般来说，你会：

A. 频频看周遭的听众，让他们感觉到你在关注他

B. 不看听众，以免看到有人显得不耐烦或者无趣，而影响自己的心态

C. 只看有兴趣的听众

9. 现在多媒体会议也非常盛行，你对视听教具的使用情况如何？

A. 有图才有真相，一图胜过千句话，当然是尽量使用

B. 这些器具会分散听众的注意力，尽量少用或者不用，而且用起来也很麻烦

C. 有选择地使用，比如图解一件工作的设备或者组织，用幻灯片可以清楚地表达文字难以解释的地方

10. 对手势的采用，你的看法是：

A. 珍惜使用，除非是为了强调少数的重点

B. 避免使用，觉得那样手舞足蹈的看起来很滑稽，不稳重

C. 顺其自然，以展示你的热情

11. 你会如何使用幽默这个元素？

A. 多用，能用就用，深信幽默能够让听众轻松

B. 避免使用，以免让我的谈话显得轻佻、不够认真

C. 谨慎使用，全看临场反应来取舍，杜绝东拼西凑的笑话

12. 你会如何结束你的演说？

A. 归纳重点，并以引人深思的话题做结束

B. 说："我已经全部说完了"然后结束

C. 说："谢谢各位的莅临"然后结束

13. 如果你的演说备有书面材料，你会：

A. 在演说前发

B. 在演说中发，让他们一边看一边听你说

C. 结束以后发，但在演说开始时告诉听众有书面资料，可以不用做笔记

答案及解释：符合下列答案的得 1 分

1. A.

一场好的演说，正如打一场仗，全靠之前周全的准备工作。正确评估听众的程度相当重要，因为他影响你的目标和题材的选择。

2. B.

千万不要去读你的讲稿，那样会变得非常枯燥。也不要碰运气因为太危险。带好你的提纲，它会使你的演讲自然而生动。

3. C.

如何开始一场演讲是非常重要的。否则听众就会有打瞌睡的可能。在演讲开始的时候，就要给听众一个明确的方向，让他们对这次演讲内容印象深刻，也知道演讲者所要表达的信息。

4. B.

如果想要全体人员都能听到你的讲话，最可靠的做法是询问离你最远的听众。如果他们能听到，那么别人肯定能听到。也不要寄希望于听众主动来告诉你，一般来说，他们如果听不到发言，只会自己干点别的什么。

5. A.

即使听众跟你一样都是专业人士，在演讲的时候也要尽量使用简单的语言。如果听众是非专业人士，那更不能使用术语来演讲了，迷惑之余，会引起他们的愤恨！

6. B.

语速不要太快也不要太慢，否则听众无法接受。在演说中，可以不断改变说话的速度，但在讲述重点的时候，必须放慢速度。

7. C.

语调的变化是很重要的。尽量在日常生活中训练自己的说话语调让人感到自然，这样在演讲的时候才能正常发挥。同时，不要羞于表达情感，一个不生动、无感情的演讲并不能吸引听众。

8. A.

如果你想让你的演讲对听众具有冲击性，必须注视全部的听众。别让听众发现你在对着桌子、地板、天花板或者窗子说话。要获得良好的演讲效果，跟听众的目光接触是必需的！

9. C.

假如你想尽力传达一种复杂的观念或信息，那么忽略视听设备是不明智的。但过度的滥用也不可取！选择适合的方式，有效地使用它们，会使你的表达获得良好的双向沟通效果。

10. C.

一旦你能轻松地在演讲中表达你的热情，你将发现自己能像平常和同事、朋友谈话时自然地使用手势。但手势不可夸张，以免失去吸引力，自然流露感情的演讲者才会受到听众的欢迎。

11. C.

除非你是个有技巧而且富有经验的自信的讲故事者，否则对于幽默，还是小心表现为好。糟糕的笑话会激怒你的听众，而且削弱你的自信。有时候，只要自然地回答就能获得善意的笑声！

12. A.

强而有力的结束是你影响听众的最后机会！简洁地归纳重点，会加深听众的印象，发人深省的结束语，则能保证带动一种讨论的氛围。

13. C.

除非你希望听众立刻使用你的资料，否则，还是在演讲结束的时候发放比较妥当。在演讲中提供这些资料，则会让半数人忙于阅读资料而忽略你精心准备的演讲。

分数 10 ~ 13 分：

恭喜你，你是一个杰出的演说者。你能对准备的资料运用自如，而且有非常好的控场能力。可以想象，聆听你的演讲，是一场视听盛宴！

分数 5 ~ 9 分：

必须承认你有一定的演讲天赋，在演讲上也下过一定功夫，但你的演讲能力的确还有可提升的空间。根据此测试找到的漏洞，查漏补缺，你的演讲水平会突飞猛进的。

分数 4 分以下：

很遗憾，你有一大堆的漏洞，也许你要先找找自己对于演讲这件事的看法是否有偏颇，咨询一下相关的专业人士，并且在演说的技巧上认真下点功夫。但是请放心，只要你有决心、有毅力、肯努力，你会发现自己也可以讲得满座生风！

第八章　管理，既要管又要理
——科学的管理与管理的科学

管理——只是手段，不是目的

"非知之艰，行之惟坚。"

——《尚书》

说管理只是手段，不是目的，这应该是常识。那么，为什么很多领导一涉及管理，就很容易不知不觉地把管理手段运用成了目的？我们相信，没有领导是故意的，一切管理的努力，都是为了获得更好的利润，那么问题出在哪里？

我们先来看这样一个故事：

黑熊和棕熊喜食蜂蜜，都以养蜂为生。它们各有一个蜂箱，养着同样多的蜜蜂。有一天，它们决定比赛看谁的蜜蜂产的蜜多。

黑熊想，每朵花产的花蜜是差不多的，那么，蜜蜂接触花的数量越多，蜜的产量当然也就越高。于是，它买来了一套昂贵的测量蜜蜂对花朵"访问量"的绩效管理系统。在它看来，蜜蜂所接触的花的数量就是其工作量。

每过完一个季度，黑熊就公布每只蜜蜂的工作量；同时，黑熊还设立了奖项，奖励访问量最高的蜜蜂。但它从不告诉蜜蜂们它是在与棕熊比赛，它只是让它的蜜蜂比赛访问量。

棕熊与黑熊想得不一样。它认为蜜蜂能产多少蜜，关键在于它们每天采回多少花蜜，花蜜越多，酿的蜂蜜也越多。于是它直截了当告诉众蜜蜂：它在和黑熊比赛看谁产的蜜多。然后，它也买了一套绩效管理系统，不过只是简单地测量每只蜜蜂每天采回花蜜的数量和整个蜂箱每天酿出蜂蜜的数量，因此花的钱也并不多。

棕熊也设立了一套奖励制度，它把测量结果张榜公布，并且重奖当月采花蜜最多的蜜蜂。如果一个月的蜂蜜总产量高于上个月，那么所有蜜蜂都受到不同程度的奖励。

一年过去了，两只熊查看比赛结果，黑熊的蜂蜜不及棕熊的一半。

为什么会这样？

我们来看，黑熊的评估体系很精确，但它评估的绩效与最终的绩效并不直接相关。黑熊的蜜蜂为尽可能提高访问量，都不采太多的花蜜，因为采的花蜜越多，飞起来就越慢，每天的访问量就越少。另外，黑熊本来是为了让蜜蜂收集更多的花蜜才让它们竞争。但是由于奖励范围太小（只奖励访问量最高的蜜蜂），结果造成蜜蜂之间的竞争压力太大。比如，一只蜜蜂即使发现了某个地方有一片巨大的槐花树林，它也不愿将此信息与其他蜜蜂分享。

而棕熊的蜜蜂则不一样。首先棕熊奖励的制度是针对产蜜的量，是目的明确的做法——说一千道一万，不就是为了能多产蜜吗？然后，棕熊设定的奖励不限于单只蜜蜂，所以促进了蜜蜂之间的相互合作，嗅觉灵敏、飞得快的蜜蜂负责打探哪儿的花最多最好，然后回来告诉其他的蜜蜂一起到那儿去采集花蜜，剩下的蜜蜂负责储存采集回的花蜜，将其酿成蜂蜜。虽然采集花蜜多的能得到最多的奖励，但其他蜜蜂也能获得各种奖励，大家都有收获。

看了上面这个故事，领导们有什么领会吗？

为了避免在管理的过程中领导们不经意地转移话题而失去目标，错把管理的自身、管理的过程当作管理目标，所以必须在一开始，就让管理手段、管理方式适应我们的管理目标，也就是符合企业发展的目标。

管理大师彼得·德鲁克在其名著《管理实践》中提出了"目标管理"这个概念，此后，目标管理被广泛应用于企业管理中。彼得·德鲁克认为，并不是有了工作才有目标，恰恰相反，是有了目标才能确定每个人的工作。

目标管理是指管理者围绕企业的发展确定相关目标，并对目标的开展与执行进行一系列的管理活动。建立高绩效团队的首要任务就是确立目标，只有明确了目标，团队才会看清要努力的方向。目标是团队存在的理由，也是团队运作的核心动力。

明确的目标是优秀团队共有的特点。一个优秀的管理团队，必然会制定一个合理的企业目标，把这个目标分解成一系列的子目标，并把这些目标融入每一个员工的心中，落实到每一个员工的行为中。

一、共同制定目标

目标管理是一种把个人需求与组织目标结合起来的管理制度。在这一制度下，上级与下级是平等、尊重、依赖、支持的关系，这就要求管理者和员工共同制定目标。

目标是工作的导向，让执行者参与目标制定，有利于目标的接受与实施。员工参与目标制定后，就会为实现这个目标全力以赴，因为目标实现会给他们带来成就感。

由于工作在第一线，所以员工对实际工作中的细节更清楚，也更了解具体困难，这是领导所缺少的，员工的参与将使制定的目标更加实际有效。

很多领导一想起制定目标，就觉得是一堆人开会讨论。其实对于一个组织来说，目标有时候非常简单，甚至非常直接，但必须是一种个人需求和组织目标的结合。

戚继光在东南沿海抗倭的时候，曾经有一次，军中粮尽，而倭寇进犯甚急，可是兵将们都已经激战了几个日夜，对他们来说，最大的愿望就是好好吃顿饱饭，然后睡一觉！这时，戚继光告诉军队：洮渚百姓已经准备了犒劳大军的粮食，到了洮渚再开饭！于是兵将重整军威，发兵洮诸。到了洮诸，立刻和倭寇正面相遇。戚继光一边命令军中伙夫埋灶做饭，一边号令大军"打跑倭寇就开饭"。就这样，一支精疲力竭的军队，在这个简单而直接的目标的鼓舞下，又获得一次抗倭的胜利！

二、确定波此责任

目标管理亦称"成果管理"，俗称责任制。是指在企业个体职工的积极参与下，自上而下地确定工作目标，并在工作中实行"自我控制"，自下而上地保证目标实现的一种管理办法。

目标管理的基本精神是以自我管理为中心。目标的实施，由目标责任者自主进行，通过自身监督与衡量，不断修正自己的行为，以达到目标。

目标管理强调自我对工作中的成绩、不足、错误进行对照总结，经常自检自查，不断提高效益。

三、重视成果

目标管理以制定目标为起点，以目标完成情况的考核为终结。工作成果是评定目标完成程度的标准，也是人事考核和奖评的依据，是评价管理工作绩效的唯一标志。至于完成目标的具体过程、途径和方法，上级并不过多干预。所以，在目标管理制度下，监督的成分很少，而控制目标实现的作用却很强。

目标管理将评价重点放在工作成效上，按员工的实际贡献大小如实地评价一个人，使评价更具有建设性。

知识点延伸：一分钟管理和权变型领导

一分钟领导的权变模式，包括一分钟目标设定、一分钟赞赏和一分钟惩戒。即事前设定目标，事后赞赏或惩戒。

一分钟目标设定：可以使员工做事方向正确，也可以让领导有机会分析部属的工作能力和敬业精神，以帮助他在工作上有更好的表现。

一分钟赞赏：可以促进员工提升个人的发展层次，使领导的以指挥性为主的领导作风，转变为较少指挥较多协助的督导式领导方式，并进一步发展为授权式的领导作风。

一分钟惩戒：能够遏制员工的不良表现，同时也可能意味着领导者要适度加强督导式或者指挥式的领导作风。

有人的地方就有"江湖"，凡事要因事而治

任何一个团体（或组织）都有两种职能：一种是团体目标的达成职能，另一种是团体的维系和强化职能。

——日本心理学家　三隅二不二

作为企业的管理者，每个领导都希望以最低的投资获得最高的回报。但

是管理的关键就在于掌握好一个度。该安抚人心的时候就安抚人心，该严格强势的时候就严格强势，而最重要的还是要始终看着管理的最终目标——这样才不会被企业中各种细枝末节的管理问题带得偏离方向。

叶老板是个标准的白手打江山的能人。他从工厂工人做起到主管，副厂长，最后趁工厂改革之际，盘下了厂子自己当老板。在十几年间，又开了几间工厂和门店，是沿海电子原件的出口大户。

但是从 2008 年起，叶老板发现生意越来越难做。先是行业标准提高，原来误差在 4mm 之内就算合格的原件，现在误差超过 2mm 就会被退货；再是人工费越来越贵，工人们也不像以往那么安于职守，往往一个工人稍微成熟就跳到工资更高的厂子；最让叶老板头疼的是，下面的分部经理、工长大多是"80 后"，个人意识强，难沟通，一语不合，就甩手走人。让这个在商场摸爬滚打 20 来年的"老江湖"很是头疼。

叶老板觉得自己该与时俱进了，于是他参加了国内的一些管理培训班，还不惜重金出国考察，但是效果并不好。直到有一天，他跟一个台湾商人聊到厂里即将实行的关键绩效指标法（KPI），正讲得头头是道的时候，却被对方一语道破天机。

那个台湾商人指出：KPI 的确是个好东西，但是这只是硬的机制。如果没有软的内容来配合，员工就会感觉被老板当成机器来使用。那样，他的热情和创造力是不会释放出来的。

听了这个台湾商人的忠告，叶老板恍然大悟，他逐渐改变了传统的管理方法，更多关注员工的生活、情绪和发展。果然厂子的情况大有改观，员工的精神状态、士气都有了提升，整个工厂形成了一种外松内紧的工作气氛，收益自然也就水涨船高。

很显然，叶老板把管理方法当成了管理的全部，忽略了管理中最重要的因素——人。幸好有能人帮他指出了问题的关键，才没有让他的企业继续沦陷在传统运作和管理误区中。

领导者每天日理万机，面对的是各种纷繁复杂的事情，这时就需要一双慧眼，一颗明心，既能管好人，又要理顺事。

我们再举一个例子说明管理中人和事的关系。

春秋时期，楚国令尹孙叔敖在苟陂县一带修建了一条南北水渠。这条水渠又宽又长，足以灌溉沿渠的万顷农田。可是，一到天旱的时候，沿堤的农民就在渠水退去的堤岸边种庄稼，有的甚至还把农作物种到了堤中央。

这样，等到雨水一多，渠水上涨，这些农民为了保住庄稼和渠田，便偷偷地在堤坝上挖开口子放水。长此以往，水渠上处处是口子，经常因为决口而发生水灾，变水利为水害。

面对这种情形，历代苟陂县的行政官员都无可奈何。只能每当渠水暴涨成灾时，便调动军队去修筑堤坝，堵塞滑洞。

到了宋代，李若谷出任苟陂县知县，面对这个决堤修堤人人头疼的问题，他贴出告示说："今后凡是水渠决口，不再调动军队修堤，只抽调沿渠的百姓，让他们自己把决口的堤坝修好。"这布告贴出以后，偷偷地去决堤放水的百姓就大大减少了。

故事背后的寓意很值得领导者深思。同样的情况，为什么百姓不偷偷放水了？很简单，就是背后的利益在起作用。百姓决堤，是为了自己种的在堤岸边的庄稼，至于长堤决口发生水灾，由于一直有军队修筑，所以百姓并不放在心上。可是一旦知道，以后水渠再决口要靠自己去修筑，很显然，修筑水渠的付出跟一点庄稼的收入比起来，当然是修水渠更麻烦，付出更大。人都会算利益账，所以，偷偷挖堤的百姓自然就少了。

企业中，我们颁布法令，执行决策，归根结底都要落实到人身上。比如，领导在执行一项政策之前，把这当中的利害关系对执行者讲清楚，可能就会减少他们为私利而损害团队利益的可能。在这个前提下，再推行严格有效的监督控制机制，效果比只靠制度去管理，肯定要好很多。

我们说要以人管理，并不是完全不要制度，纯粹的以人管理，总是有漏洞可循的，因为人都是有弱点、有感情的。动物之间哪怕是猫和老鼠相处久了也会有感情，也会相安无事。而制度却能起到人所不能起到的作用。

当制度都不能发挥作用的时候，就只有利用李若谷的办法，以子之矛攻子之盾，当他发现这样做得到的好处还不如他损失的多的话，他自然也就不会再去做这样的事情了。

所以说，不管具体用什么方法来执行，领导者心中要清楚，既然有人的地方就有江湖，那么就从事情开始，顺藤摸瓜，让人和事完整地统一在企业的目标之下！这样才能达到管理的平衡。

案例链接：索尼设置"内部跳槽"制度的领导力

索尼董事长盛田昭夫一直保持一个习惯，每天晚上走进职工餐厅与职工一起就餐、聊天，以培养员工的合作意识和与他们建立良好关系。

这天，盛田昭夫照例进入餐厅，在大家纷纷跟他打招呼的时候，他发现一位年轻职工闷头吃饭，谁也不理。于是，盛田昭夫就主动坐在这名员工对面，他看出这位年轻人满腹心事，郁郁寡欢，便请他喝酒。

董事长请酒，谁会拒绝呢！这个青年有点受宠若惊，几杯酒下肚之后，便很顺利地开口了："我毕业于东京大学，有一份待遇十分优厚的工作。进入索尼之前，对索尼公司崇拜得发狂。当时，我认为我进入索尼，是我一生的最佳选择。"

"但是，现在才发现，我不是在为索尼工作，而是为课长干活。"

"坦率地说，我这位课长是个无能之辈，更可悲的是，我所有的行动与建议都得课长批准。我自己的一些小发明与改进，课长不仅不支持，不解释，还挖苦我癞蛤蟆想吃天鹅肉，有野心。"

"对我来说，这名课长就是索尼，就是索尼的全部！"

"我十分泄气，心灰意冷。这就是索尼？这就是我的索尼？我居然要放弃了那份优厚的工作来到这种地方！"

这番话盛田昭夫十分震惊，他想，类似的问题在公司内部员工中恐怕不少，管理者应该关心他们的苦恼，了解他们的处境，不能堵塞他们的上进之路，于是产生了改革人事管理制度的想法。

索尼原则上每隔两年就让员工调换一次工作，特别是对于那些精力旺盛、干劲十足的人才，不是让他们被动地等待工作，而是主动地给他们施展才能的机会。

但是，在这个基础上，索尼公司又开始每周出版一次内部小报，刊登公司各部门的"求人广告"，员工可以自由而秘密地前去应聘，他们的上司无权阻止。

在索尼公司实行内部招聘制度以后，有能力的人才大多能找到自己较中意的岗位，而且人力资源部门可以发现那些"流出"人才的上司所存在的问题。

面对一个对本企业充满愿景，但是却对他的直接领导不满的员工，一般领导会怎么做？找他的课长谈话？或者将这位员工换一个岗位？这些做法都能解决一定的问题，但是盛田昭夫的解决办法无疑更具领导魅力。他通过这件事，思考的是企业中还有类似的事，而他显然无法一一亲自过问，那么就制定一个制度来将这个问题彻底解决。

从这件事可以看出，为什么有些领导每天忙得焦头烂额，而有些领导却轻松得好似什么事都没有。其实企业需要管理的问题大同小异，只是不同的领导处理人和事的方法不同。有些只是解决眼前问题，有些却能解决根本问题。

比如索尼这种"内部跳槽"式的人才流动，就很好地给人才创造了可持续发展的机遇。一般在一个普通单位或部门内部，如果某职员对自己正在从事的工作并不满意，认为本单位或本部门的另一项工作更加适合自己，想要改变的话，难度是比较大的。许多人只有在干得非常出色，以致感动得上司认为有必要给他换个岗位时才能如愿。而这样的事普通人一辈子也难碰上几次。当员工们对自己的工作岗位感到失望时，他们的工作积极性便会受到明显的抑制，这对企业和员工来说，都是资源的浪费。

所以，一个领导如果有足够的自信和度量，就不要担心员工们对岗位挑三拣四。只要他们能干好，尽管让他们去争。争的人越多，相信他们也能干得越好。对那些没有本事抢到自认为合适的岗位，又干不好的剩余员工，不妨让他待岗或下岗。

索尼公司的"内部跳槽"制度就是这样，有能力的职员大都能找到自己比较满意的岗位，那些没有能力参与各种招聘的员工才会成为人事部门关注的对象，而且人事部门还可以从中发现一些部下频频"外流"的上司们所存在的问题，以便及时采取对策进行补救。

这样，公司内部各层次人员的积极性都被调动起来。当每个干部职工都朝着"把自己最想干的工作干好，把本部门最想用的人才用好"的目标努力时，企业人事管理的作用也就发挥到了极致。

问题背后的问题——甲之甘露，乙之砒霜

领导干部应该有政治远见，有工作能力，富于牺牲精神，能独力解决问题，在困难中不动摇，忠心耿耿地为民族、为阶级、为党工作——这些人不

要自私自利，不要个人英雄主义和锋头主义，不要懒惰和消极性，不要自高自大的宗教主义。

——毛泽东

"甲之甘露，乙之砒霜"，来自英谚"One Man's Meat is Another Man's Poison"。我国古代也有一个类似的典故，叫"罚人吃肉"。

故事的主角李载仁是唐朝皇族的后裔。他生性迂腐，行动缓慢，平时非常讨厌猪肉，从来不吃。

当时正值各地混战、战火纷飞。为了逃避战乱，李载仁到江陵高季兴那里，做了个观察推官。但生活习惯一点都没有改变。

有一次，他要去接受上司的召见，刚上马，家里的仆人打架了。李载仁当即大怒，叫人立刻从厨房里拿来大饼和猪肉，让打架的人当着他的面吃下去，并且警告说："以后如果胆敢再打架，一定要在猪肉里加上酥油来重重地惩罚你们！"在边上看着的人无不窃笑。

不论是英国的谚语，还是我国的典故，说的都是一个道理：人们的好恶是不一样的。把自己的好恶当作别人的好恶，不仅荒唐可笑，而且会导致错误的行为。

有研究表明，很多领导认为，用奖惩可以像个指挥棒一样，指哪，员工就打哪。看上去确实也是这样的，面对掌握大量信息资源的员工，领导者的激励奖惩指向哪里，就会将员工的激情引到哪里。但是，专业的企业发展研究机构告诉人们，奖惩后患无穷。它让原本充满快乐和成就感的游戏，变成了无聊而痛苦的重复工作；它让人忽视长期的价值目标，屏蔽创造力的视野，甚至会引起不道德的行为。为什么本意是为了让员工充满激情工作的激励制度和奖惩制度，会适得其反？

下面是一位企业领导人与培训机构导师的对话记录，也许能够提供一些信息。

导师："X总，您觉得员工的工作动力是什么呢？"

X总："不就是为了钱呗，要么就是晋升，但归根结底还是为了钱。"

导师："据您的资料显示，您原本是某集团驻北方地区的销售总负责，那么现在您来到这个职位，是为了晋升，还是为了薪水更多？"

X总："当然都不是。其实我现在的收入只是看起来有点涨了，但原来过得轻松自在，天马行空。"

导师："但毕竟还是涨了啊。假定如果您的收入能一直不断地涨下去，您会对工作持续不断地保持热情吗？"

X总："这怎么可能。就是比尔盖茨的收入也不可能无止境地涨啊。"

导师："不过我还是想知道，要是没有薪水的上限，您觉得多少才会让您满足？"

X总："这不是钱的问题啦。我觉得原来那一片已经做得太熟了，现在的工作虽然没那么自由，有时候还有些枯燥，但是这个环境有机会让我实现很多想法，也能建立新的人脉，更能帮我补充一些个人素质上的短板。虽然压力有点大，但是对我很有挑战性。我从小就不喜欢循规蹈矩做一成不变的事……"

导师："那么我们回到第一个问题，您还觉得您的下属仅仅是为了钱，就会充满激情地工作？"

X总顿时语塞。

试想有多少领导是这样看待员工的？他觉得员工只需要钱，或者一些小儿科的"大棒加胡萝卜"，就能被驱使着，像打了鸡血一样地充满激情地工作。其实他想什么，员工看得清清楚楚！

曾经有研究机构对几百名企业领导做过一次测试，测试他们对自己的员工了解多少。然后再同时让员工填写他们对工作的需求表，其结果让绝大多数领导都大跌眼镜，因为他们眼中看到的员工跟真实的现状差别太大了。有的领导以为某员工最想要自由，却不料那个员工想要尊重，有的领导认为某员工想要的是升迁，不料员工只是想多一点休假的时间……不难想象，如果领导根据这样的误解去处理公司的人际关系和工作事务，难免会漏洞百出！

但是，要想认清问题背后的问题，需要的还是领导者自己的眼光和心胸，因为术可以学，道却只能悟。我们再举一个事例来说明什么叫"甲之甘露，乙之砒霜"。

曾经有两个企业都想在某郊区投资地产，并各派了专人前去调查那里的情况。A 企业的人在考察之后，向公司报告说："那里人口稀少，房产业发展机会渺茫，房子修好了也没有人来住。"而 B 企业的人则在考察之后，向公司报告说："该地虽然人口稀少，但那里环境优雅，人们厌倦了城市的喧嚣，定会喜欢在那里安置生活。"果然不出 B 企业所料，随着城市包围农村，城里人越来越向往农村生活，尤其是一些农家乐，办得更是如火如荼。所以 B 企业的投资是明智的。

很明显，A 企业的人员鼠目寸光，只看见眼前事物的表象，而 B 企业的人却高瞻远瞩，从表象里预见未来。如果一个企业的领导像 A 企业的人一样"近视"，那么他的动作很可能都是短期行为，而如 B 企业那样见识过人，眼光放长远一点，却能使企业获得长远的利益。

现在，我们很难说经营企业的某种方式是对是错，是好是坏，因为适合一家企业的管理方法换给另一个企业，很可能就不管用。所以领导者要修好管理这门课，不仅要能管，会管，还要肯理，懂礼。这样，企业的工作和人际关系，才会一帆风顺，业绩和效率才会增长！

引车卖浆道与术：抓紧管理核心目标不偏移

◆一切管理的前提都在于你知道目标"定"在哪里。领导者要有笃定的气度，这将决定组织中目标执行的能量状态。

◆要能迅速觉察自己内心的状态，比如经常对自己进行自检，弄清楚此刻自己该"定"什么，又该改变什么。

◆时刻关心下属的状态。领导者的使命，不只是保证自己对目标的认识不偏移，还要随时准备引导下属回归，帮助他们看清真相，坚定目标。

◆管理不是一蹴而就的事情，心急吃不了热豆腐，即使面临的情况很紧急，也要学会让自己慢一点，再慢一点，用良好的心态，帮助自己和下属走出低谷，回归原点！

知行合一，管理在"知"更在"行"

为者常成，行者常至。

——《春秋》

管理的最终目的就是运用资源，实现目标。一切的"管理优化"都应该是为这个目的服务的。但令人遗憾的是，口头上高谈阔论，不等于能真刀真枪地实战，在企业管理实践中，知道"如何做到"恐怕比知道"要做什么"和"为什么做"更考验领导者的素质。所以，我们说，管理就是要做好知和行，要做到知行合一。

人非生而知之者，所以我们要学习管理，要学习领导的道和术。苏东坡曾写过一篇《喻日》：说有一个生来失明的人不认识太阳，就向明眼人请教，有人告诉他说："太阳的形状像铜盘。"说着敲击铜盘使瞎子听到声音。有一天，瞎子听到钟声响，认为那就是太阳了。又有人告诉瞎子说："太阳的光亮像蜡烛。"瞎子摸了蜡烛知道了形状。可是，有一天，瞎子摸到了管乐器龠，又以为是太阳了。

太阳与钟、龠差得远呢，而瞎子却不知道这三者的区别。这是由于瞎子从未见过太阳而只是听说。这说明人的认"知"是多么的不容易。

但一个人不论知道多少，知的目的还是在于行。

有个寓言是这样的：一个北方人想学游泳，就向一个善于游泳的南方人请教，但是无论这个南方人如何用正确的方法教他，北方人甚至把游泳的诀窍背得滚瓜烂熟，只要不下水，他是没法学会游泳的。所以，"知痛必有自痛方知痛，知寒必有自寒方知寒，知行不可分"。

在中国文化中，往往是越简单的东西越难做到。而如果想要达到那种心想事成的境界就必须要做到知行合一。对于企业领导者也是如此。

领导行为就是由特定团体或组织的成员所代表的团体技能的表现。任何领导者的行为都包括团体技能的两个因素，因此，领导行为和领导效果不能分开来考察。领导效果不仅受团体机能发挥好坏的影响，也受领导者个人品质的影响。因此，我们说，领导行为不仅是领导者所代表的团体机能的表现，而且是领导者个人品质的外在表现。

某电脑公司是一家科技应用企业。公司创办时，董事会破格从地产公司电脑服务部聘任员工 A 为公司经理。理由是 A 在电脑应用及智能化工程实施方面的技术水平较高，是内行，是专家。

A 上任三个月，工作积极、勤奋，带领员工刻苦钻研技术业务。但是，技术员出身的他没有经营和管理的经验，公司经营停滞不前。董事会认为他不能胜任目前的工作，于是决定将他撤换掉，但要考虑处理的方法。不能挫伤 A 的积极性，以免对其各方面产生负面影响。

如何平衡，董事们提出了各自的想法。

张董事提出：把 A 增选进董事会，然后兼任公司技术负责人。

许董事的看法是：让他担任分管技术的副经理，但享受经理待遇。

杨董事认为：我们需要的是懂管理。能带领员工扩大经营规模，创造效益的经理，既然他不行，那就撤职让他专干业务不就行了吗？现在的企业对人的管理不必太顾虑，该咋办就咋办。

石董事觉得：杨董事的观点合理，但是直接把他调回太粗暴，出于人性管理，我们给他3000元苦劳奖，再开个离职欢送会，大家吃顿欢送饭，把场面搞热闹些。毕竟A在这三个月内，兢兢业业，没有功劳也有苦劳。

最后，董事长洪先生提出他作为权威领导的看法。

首先，A作为一个有技术的优秀员工，是企业的财富，没有给他摆对位置，这是我们领导层的工作失误，要检讨。

其次，A不能调走。目前公司正要依靠这样一些技术尖子来发展，调走他会影响到公司的技术工作。而且也不应该简单撤换，这个问题不宜简单化，搞不好会产生很大的负面影响，

再次，增选A进董事会不合适，若他作为董事兼技术总负责而不是董事的新任经理，在领导工作中会有难度。

最后，董事会新选定的经理虽有经营管理经验，但技术业务不太熟，还需要A帮助，所以A还不能离开目前的岗位。

那么，董事长的处理方法是怎样的呢？

董事长提出，设一个总经理职位，由自己兼任。设两个总经理助理，让新选定的经理任负责公司日常工作的总经理助理，让A任分管技术的总经理助理，并对A进行经营管理方面的培养。这样，一段时间后，A也成熟了，总经理退出，到时候再建一套稳定的领导班子。

董事长的意见通过后立即得到了实施，A依然积极勤奋。半年后，董事长退位，A任副总经理分管技术，公司运转良好。

管理工作是一项需要多动脑子的工作，在考虑问题时需要面面俱到，切

不可只看到事情的一个方面就轻易下决定。知道要一切以企业的发展、员工的合理利用为目标，还要真正做到考虑周全，这才是管理上的知行合一，才能做出比较完善的管理决策。

领导力测验：你能公正地评核员工吗

对员工的绩效进行评核，是领导重要的职责之一。它对员工的薪水、晋升以及个人的动机都有着很大的关系，那么你是一个能公正评价员工的领导吗？

1. 作为领导者，你认为绩效评核的目的是什么？

A. 对员工过去的表现给予评价 ……………………………………（5分）

B. 对员工的工作缺陷提出批评 ……………………………………（0分）

C. 激励员工将未来的工作做得更好 …………………………（10分）

2. 员工被评核的范围应该是：

A. 员工的知识、技能和态度 ………………………………………（0分）

B. 员工的工作成果 …………………………………………………（5分）

C. 综合上面两项，即态度和成果两个方面 …………………（10分）

3. 当填写员工的评核表时，什么是最有用的资料？

A. 员工的工作说明 ………………………………………………（10分）

B. 员工的出勤记录和报支情况 ……………………………………（0分）

C. 员工过去的绩效评核 ……………………………………………（5分）

4. 假如，某个干部的表现开始变坏，而距他上次的评核已经有几个月，作为领导的你会怎么做？

A. 先不过问，等等他，看是不是会有转机，改善业绩 _____ （0分）

B. 跟他单独讨论，看是哪里出了问题，并提出改进的计划

_____ （10分）

C. 将他的缺点和不足先记下来，在下次评核的面谈中提出来

_____ （5分）

5. 如果某个干部在讨论他的表现时，情绪变得激动，你会怎么做？

A. 仔细聆听，不打断他 _____ （10分）

B. 结束面谈，让他自己冷静一会儿 _____ （5分）

C. 直接告诉他，他情绪失控了，需要冷静 _____ （0分）

6. 作为领导，你通常使用哪一种策略来进行评核的面谈？

A. 先讨论部属的优点，再讨论他的缺点 _____ （5分）

B. 先指出他的不足，再告诉他有哪些优秀的地方 _____ （0分）

C. 在开头和结尾的时候谈他的优点，中间讨论他的缺点 _____ （10分）

7. 在私人部门的员工经常期望通过考绩效评核来提高薪水。你会在什么时候告诉员工他的薪水调高的信息？

A. 在绩效考评的时候 _____ （0分）

B. 在讨论有关薪水事务的场合 _____ （10分）

C. 等到我决定了应该增加的具体数目和时间之后 _____ （5分）

8. 评核面谈间，在讨论某个干部的缺点之后，你接下来会：

A. 协议一个计划，以便帮助他改善 _____ （10分）

B. 警告他如果不能改正不足，将影响他的薪水和晋升机会

_____ （0分）

C. 指出他自己应该采取的一些改正措施 _____ （5分）

9. 在评核面谈的结论中，你会：

A. 让员工阅览他自己的评核结果，并附注他的意见 _____ （10分）

B. 不允许员工看，但要求员工发表意见并记录备案 _____（5 分）

C. 不允许员工看，也不需要他的意见 _____（0 分）

10. 你是否会将评核的结果记下来？

A. 只有在部下要求的时候做 _____（5 分）

B. 定期做，比如一年一次 _____（10 分）

C. 只在某位部下的表现变坏的时候做 _____（0 分）

分数 80～100 分：

你是一位成熟、理性的评核者，能够公正地评核部下的绩效，并且敏锐地掌握他们的心理动向。

分数 50～75 分：

你具有能力和诚意，只需采用更有弹性的途径，便能成为一位顶级评核者。参加一些领导力培训方面的课程来提升自己的领导素质吧。

分数 20～45 分：

你有为数不少的缺点，如果不注意，将对你的领导工作带来困扰，严重的还将影响企业的命运。你需要系统而基础的领导力训练！

分数 0～15 分：

有才能的员工不愿意为你工作是显而易见的！也许你要思考自己是不是适合当领导！

第九章　强势做事，柔性管理
——中国式管理的道与术

人性如水性，宜疏不宜堵

　　人的本质并不是单个人所固有的抽象物。在其现实性上，它是一切关系的总和。

——卡尔·马克思

　　西方的早期管理一直把人看作"经济人"，即人不过是机器的附属品。但是霍桑实验从人性的角度揭开了管理思想转变的序幕，其主旨和导向就是张扬人性，做事似水。

　　1924 年，美国学者梅奥在设于伊利诺伊州西塞罗的霍桑工厂进行了一项试验：参加实验的两组女工在工作环境、工作时间和工资等因素发生各种变化时，产量始终保持上升的趋势，其生产率并不和工作环境、薪水报酬成正比。这使大多数管理人员和学者异常诧异，而梅奥则认为产量的增加源于工人精神面貌的变化——工人因为知道参加实验而受人关注，因而情绪高昂、精神振奋。他首次把"人性"问题引入管理学，并提出了"社会人"假说。认为人性随物而化，顺境而变。而激励理论的主旨就在于针对人的需要采取相应的管理措施，以激发动机，激励行为，形成动力。

其实在我国先秦时期，老子在《道德经》中曾说："天下莫柔弱于水，而攻坚强者莫之能胜。"战国时的告子也提出"生之谓性"，认为人生来只有求生存（食）和生殖（色）两种欲望，所以人性是"无善无不善"的。告子说："性犹湍水也，决诸东方则东流，决诸西方则西流，人性之无分善恶也，犹水之无分东西也"（《孟子·告子上》）。认为人性就像水一样，引向东则东流，引向西则西流，随物而化，顺境而变。后来，大禹治水的例子则更简单地说明"水"的特性，宜疏不宜堵。所以一代大帝唐太宗说："水能载舟，亦能覆舟。"

而印证到今天的企业管理的举措中，就在于针对人的需要采取相应的管理措施，以激发动机，激励行为，形成动力。

人的需要是多种多样的，而且这些需要随着时代的发展进步而不断发生变化和调整。每个人的需要各不相同，需要的层次因人而异。人在组织中的工作和生活条件是不断变换的，因此会不断产生新的需要和动机。领导者的艺术，就在于怎样将这些需求巧妙地和企业的愿景、时下的工作目标结合起来。

有个农夫一直用一匹老驴子拉磨。当他正在考虑换一头驴子的时候，他的邻居提出送给他一匹很年轻的骡子。因为邻居要搬到城里去，再也不需要用骡子耕地拉犁了。

农夫很高兴，便把骡子套上磨拉起来。可骡子总是不听话，怎么也不肯围着磨转，还总想挣脱磨往外跑。半天时间下来，不仅没磨出什么东西，还把磨石也拉得东倒西歪。

农夫开始想办法对付骡子。他先是像对待驴子一样，用黑布把骡子的眼睛蒙上，并在后面用鞭子催赶它。骡子听了几天话，就又恢复到老样子。农夫还用草料来抚慰骡子，拉上几圈磨便喂上几口。但结果没有什么大的改观。

终于有一天农夫生气了，他用鞭子不停地抽打骡子，骡子不堪忍受，就脱开缰绳逃跑了。

骡子跑到田边，一路啃吃路边的青草。几天后，当骡子正觉得有些无聊的时候，在田间劳作的另一位农夫发现了它。农夫给骡子喂了一些豆饼和草料，然后给骡子套上犁，让它拉犁耕地。

尽管拉犁比拉磨累，但骡子觉得自己终于有了用武之地，于是它跟着第二个农夫干起活来，每天都很卖力。在骡子的帮助下，农夫的地很快就都播种了。

同样的一匹骡子，第一位农夫想尽办法也不能把它留在磨旁，而第二位农夫却得到了它的戮力合作。这是因为第一位农夫一心只想着自己的磨，却没有认识到骡子和驴子的不同。他给骡子草料或者鞭笞，都只是为了让骡子拉磨，而这跟骡子的天性有悖。而第二位农夫满足了骡子奋蹄直行的愿望，所以他和骡子都获得了想要的结果。

很多领导有这样的体会：发出指令后，员工要么执行不力，要么执行有误，员工像个橡皮糖，推一推才动一动，整个管理过程费时费力，双方都精疲力竭。

其实，让员工自发自动并不难，关键要看领导能否把员工的心力和任务结合好，也就是要讲究疏，而不是堵，要用柔性的手法让人自发地工作，而不是用强制的手段把人困在任务里。领导者的思维转变，是企业管理模式和机制转变的根本。领导者只有在内心埋下以人为本、柔性管理的种子，才能真正为企业的管理带来活力和生机。

有些领导者一味强调客户满意度，而很少过问员工满意度。其实，员工满意度与客户满意度同样重要。试想，如果员工老是处于一种不满意的情绪之中，会为客户提供良好的服务吗？所以有专家指出，没有满意的员工，就没有满意的客户。

可以说，"客户"是企业的外部客户，"员工"是企业的内部客户。领导者只有兼顾内外，不顾此失彼，企业才能获得最终的成功。

那如何才能提升员工满意度呢？简单地说，只有领导感动了员工，员工才会去感动客户。因为被领导感动的员工，会产生一种依恋企业和热爱事业的感情，也才会真正把企业当作自己的家。

而要感动员工，就不能只关心他的工作，他的生活、情感、家庭、思想等，都应该是领导关心的内容。这样做的目的并不是收买人心，而是为了让员工没有后顾之忧，真正全心全意地投入工作。

案例链接：日立公司为员工搭"鹊桥"

大多数企业有不成文的规矩，即禁止内部员工恋爱。其实，这种做法是不合法，也不可取的。"棒打鸳鸯"只能导致军心涣散，让员工对组织感到寒心。获得如此"待遇"的员工即便留下，也会"身在曹营心在汉"！

日本日立公司有一名叫田中的工程师，他为日立公司工作近12年了，对他来说，公司就是他的家，因为甚至连他美满的婚姻都是公司为他解决的。原来，日立公司内设了一个专门为职员架设的名为"鹊桥"的"婚姻介绍所"。日立公司人力资源站的管理人员说：这样做还能起到稳定员工、增强企业凝聚力的作用。

日立"鹊桥"总部设在东京日立保险公司大厦八楼，田中刚进公司，便在同事的鼓动下，把学历、爱好、家庭背景、身高、体重等资料输入"鹊桥"电脑网络。在日立公司，当某名员工递上求偶申请书后，他（她）便有权调阅电脑档案，申请者往往利用休息日坐在沙发上慢慢地、仔细地翻阅这些档案，直到找到满意的对象为止，一旦他（她）被选中，联系人会将挑选方的一切资料寄给被选方，被选方如果同意见面，公司就安排双方约会，约会后双方必须向联系人报告对对方的看法。

终于有一天，同在日立公司当接线员的富泽惠子走进了田中的生活，他俩的第一次约会，是在离办公室不远的一家餐厅里共进午餐，这一顿饭吃了大约四个小时，不到一年，他们便结婚了，婚礼是由公司"月下老"操办的，而来宾中70%都是田中夫妇的同事。

有了家庭的温暖，员工自然就能一心一意扑在工作上，由于这个家是公司"玉成"的，员工对公司就不仅是感恩了，而且油然而生一种"鱼水之情"。这样的管理成效是一般意义的奖金、晋升所无法比及的。

如果一个人能在公司中体味到如家庭般的气氛，他便会安心，士气在无形中自然也就增高了。

柔弱胜刚强，领导者不争而胜的智慧

天之道，利而不害；圣人之道，为而不争。

——老子《道德经》

一提到管理，很多人会产生两种错觉：一是言必称西方，二是行必重刚性。似乎管理是西方人的"专利"，与东方无缘；似乎管理就是发号施令，我管你听。

然而，中国式智慧提倡柔、弱、拙，强调的是上善若水，柔弱胜刚强。这跟中国式管理之道是一脉相承的。其实，细心的读者也许已经发现了，前几年，我国企业家都忙着向西方学习企业经营和管理的方法，而这几年，西方经管界却在研究东方的管理思想，《老子》、《易经》、《论语》、《孙子兵法》……那么，我们何不好好来研究一下，我们中国式管理中有什么道和术？

柔能克刚，这个概念相信大家都不陌生。最早是老子在《道德经》中明确提出这个道理，在后来的《列子》和《庄子》中都有相关的发挥。

现代人如何理解柔能克刚呢？先看一则小故事。

相传，常枞是老子的老师，他快要去世的时候，老子来看望他。常枞看到老子来了，很高兴，从病榻上挣扎起来，又张开嘴给老子看了看，问道："我的舌头还在吗？"

老子说："还在。"

常枞又问："我的牙齿还在吗？"

老子说："早就没有了。"说完，老子沉默了。

常枞躺到席上，闭上眼，慢慢地问老子："你知道原因吗？"

老子回答说："牙齿是人身上最坚硬的地方，而舌头则是人体最柔软的部分。"

常枞说："对啊！这就是柔弱胜刚强的道理。现在，这个天地之间的至理传授给你了，我就可以放心去了。"

之后，老子出关前，着三千言《道德经》，就一而再、再而三地强调这个宇宙间的真理：柔弱胜刚强。

舌肉长存、齿坚易折，因此柔才是人最明智的生存态度，也是最坚韧的处事之道。后来，著名学者林语堂在引用老子的观点后叹息道：柔弱能战胜刚强，弱小者能战胜强大者，这是天下都知道的道理，但是却很少有人能真正做到。

不论是历史上还是现实生活中，我们不难发现，往往刚强的人容易被柔和的人征服或者利用，就如同大石头落到一堆棉花上，最后只会被棉花包在里面，将强力化为无形。

而领导人更要了解以柔克刚的重要性。作为企业的领导，在外要，要面对来自各方面的要求甚至客户的刁难；在企业内，还要为整个组织的人求生存、谋福利，同时又要平衡企业各方面的关系，如果处处都要强人一头，以力胜人，那么工作肯定很难开展。

《庄子·应帝王》中记载了这样一则故事。

阳子居问老子：有这样一个人，他身体强壮，反应敏捷，对事物很有洞察力，而且勤于学习王者之道，不知疲倦。这样的人可以称为理想的领导者吗？

老子摇摇头说：这样的人，只不过是个小官吏罢了！他被有限的才能所累，结果必然使自己身心俱乏。

老子进一步解释道：虎豹因为身上的美丽皮毛才招致猎杀；狗因为擅长捕捉猎物才被人束缚。那些因为自身优点而招致灾祸的人，跟理想的领导者相差太远了。

阳子居又问：那么，理想的领导者应该是怎样的？

老子回答：一个理想的领导者治理天下，功德遍地但仿佛与自己无关；教化惠及万物，人们却丝毫感觉不到；没有留下任何施政的痕迹，但万事万物各自运行自如。

看到这里，也许有人要问：那我不是什么都没有了？什么都跟我无关，那我当这个领导干什么？

其实，这样问的人，还只是停留在当领导就是发号施令、颐指气使的阶段，而没有了解领导之道在与无为，不强以之为，不逆势，不生事，这样企业才能稳定发展，螺旋式上升。

这也就是老子所说，弯曲反而能伸直，低洼反而能充盈，少取反而能多得，贪多反而会迷惑。

当然，说不争而胜，不是说领导就什么都不要做，当甩手掌柜。相反，要想以柔克刚，运筹帷幄，领导者需要具备以下三种能力：

一是预见的眼光和未雨绸缪的远见。凡事预则立，不预则废。领导要有长远的利益观和全面的大局观，这样才能把握好度，掌控全局。不争而胜，来自足够的预测和应对。不争，正是因为胸中有丘壑，所以淡然处之。

二是谨慎的决策和行之有度的执行。决策要谨慎，领导需要多分析各方面的因素，同时思考出现不同结果时该有怎样的应对行动，以做到万无一失。在执行的时候，也要处处以和谐为前提，不强势之不可为而为之。尽量顺人心、应天时。

三是谦和的态度。《周易》六十四卦，每卦都是吉中有凶，凶中有吉，象征着宇宙的密码，阴阳吉凶的相成互变，但唯有谦卦是六爻皆吉，说明古人对"谦"的重视程度。对于现代人来说，"谦"不但可以成为人际关系的润滑剂，也会减少设限的阻力。而领导者要想有"不战而屈人之兵"之功，对这个"谦"字的功用不可不知！

以柔克刚是太极拳中最重要的法则之一，在企业管理中，这一招也是非常有用的。当然，对领导者来说，并不是因为不如员工才要用"以柔克刚"的办法，而是为了不和员工起无谓的争执，减少内耗。特别是对于企业中个性比较强的员工，领导采取以柔克刚的办法来对待他，能取得超乎寻常的好结果。当然，领导要开除一个员工是很容易的，再招进一个人也不难，但是要找到一个合适的员工，其实并不容易。所以，领导把自己摆在平和的位置，以柔克刚，是最高明的用人之道。

知识延伸：刚性管理和柔性管理的区别

	刚性管理	柔性管理
核心观念	以规章制度为中心	以人为中心
管理手段	凭借约束、监督、奖惩等手段对企业员工进行管理	根据人的心理和行为，以企业的共同价值观为基础进行人性管理
理论基础	组织权威、组织制度和职责权力	基于员工对组织行为规范、规章制度的认知、理解与内化，把组织意志变为个人的自觉行动
适用范围	用于创造性要求较低的、衡量标准容易量化的工作	员工高层次需求成为优势动机和对革新要求较高的工作

柔性管理能最大激发员工的潜力

一个真正的领导者已经可能是一个独断专横的决策者。相反，他必须是一个构想家、一个战略家、一个传道者和鼓动者。

——简·卡尔松

在工业社会，主要财富来源于资产、机器、厂房、资金等，而知识经济时代的主要财富来源于知识。根据其存在形式，知识可分为显性知识和隐性知识。前者主要是指以专利、科学发明和特殊技术等形式存在的知识，后者则指人的创造性知识、思想的体现。

显性知识人所共知，而隐性知识却只存在于人的头脑中，难以掌握和控制。对企业来说，隐性知识，就是员工头脑里的知识、思想、创意。要让员工自觉、自愿地将自己的知识、思想奉献给企业，实现"知识共享"，只能通过"柔性管理"。

柔性管理的最大特点在于不是依靠权力影响力（如上级的发号施令），而是依赖于员工的心理过程，依赖于每个员工内心深处激发的主动性、潜力和创造精神，因此具有明显的内在驱动性。只有当企业规范转化为员工的自觉意识，企业目标转变为员工的自发行动，从而形成内在的驱动力时，自我约束力才会产生。

在摩托罗拉公司，无论是员工本人还是员工的家人生病了，总裁保罗·高尔文说得最多的一句话是："你真的找到最好的医生了？如果有需要，我可以向你推荐这里看这种病的医生。"在这种情况下，医生的账单是直接交给他的。

有一次，摩托罗拉公司的一位采购员比尔·阿诺斯犯了很严重的牙病，几乎不能工作。但是当时正处在经济不景气的年代，比尔·阿诺斯不敢让领导知道，生怕会因此被开除。但他的病很快就被高尔文知道了。

在高尔文的安排下，阿诺斯成功做了手术，但他却从未见到账单。阿诺斯知道凭自己的收入是难以承受手术费的，他曾多次向高尔文询问，得到的回答是："我会让你知道的。"

这样的事在摩托罗拉公司发生其实很平常。所以，感激涕零的阿诺斯只有勤奋工作，以回报高尔文的情谊。高尔文对员工的付出感动了很多人。由于全体员工尽心竭力地工作，摩托罗拉公司短短几年就占据了手机业龙头老大的位置。

美国沃顿商学院管理学教授西格尔·巴萨德是研究工作场所情绪影响的专家。他曾指出，情绪会像病毒一样在人与人之间传播，员工的情绪会对他们的工作表现、决策、创造力、团队协作和领导力产生影响。

高尔文支付了一笔手术费，这对一个公司总裁来说是小事，可带来的价值很丰厚，这是领导对员工无微不至的关怀和爱护。当阿诺斯感受到这种关怀，并产生感激的情绪时，这种情绪其他员工也能感受到。所以，摩托罗拉公司就会产生一种良好的情感氛围和工作激情。

企业的"企"是由"人"和"止"组合而成。也就是说，没有人就没有企业，没有人企业也就终止了。所以，一个水性领导者，必然是一个真心关爱员工的人。他们能设身处地为他人着想，关心下属的冷暖，为人才的工作、生活创造条件。既用人之长，又容人之短，用柔性的情感换取人心。这样的领导受到员工的尊重和爱戴，员工也愿意跟随他，并为以他为首的团体付出自己的青春和努力。

现代生理心理学研究表明，每个人的身体里都有两股力量，一个是我们表面上看得到的肢体力量，叫作生命外力；另一个是我们表面上看不到的心理力量，叫作生命内力。人的肢体力量显然是弱小的，即使是最有劲的大力士，他的力量也没有一头普通的牛大，他所能举起的重量也是有限的。而人的心理力量一旦被唤醒，则是巨大无限的，无坚不摧，势不可当。过去说一切人间奇迹都是人创造的，具体地说是由人的心理内力创造的。

所以，对于企业领导来说，你的员工有多强大多能干，不取决于他的肢体力量，也不主要取决于他的知识力量，而主要取决于他的心理内力。领导的任务，就是激发他们心灵的力量。

激发员工潜力的三大法宝。

一是尊重员工，把自己和员工放在一个平等的位置，能够对每一名员工的成长怀有发自内心的承诺。在日常工作中，要懂得肯定员工的努力。不论他们的工作在领导者眼里多么不值一提，都是组织不可缺少的一个环节。另外，还要尊重他们的工作方式以及思维习惯。每个人都有自己的成长环境、文化背景、家庭教育，这些都可能造成工作方法的差异。一个企业领导要多鼓励他们发表自己的见解，在不影响总体目标和成果的前提下，给员工一定的发挥空间，让他们按照自己的想法去工作。这样，他们才会喜爱他们的工作，才会毫无保留地发挥自己的聪明才智。

二是让员工参与目标的制定。传统的权威型领导习惯采取强力发布指令，或者再加上一些奖励引导员工朝自己主张的方向走。这种做法虽然看起来是为了达到思想一致，但实际效果并不好。因为员工只是在完成领导分配的任务，而不是在实现自己的选择。长此以往，员工的工作热情和士气都会下降，那么企业的生产也就没有效率可言。

让员工参与目标的制定，不仅可以让目标更符合每个人的特长，更主要的是，员工在感到被尊重之余，也将目标作为自己选择的一个方向。这样，在工作中，无须领导者做过多的激励和引导，员工自然会兢兢业业地为这个目标而努力奋斗。

即使员工的想法的确不可取，聆听过程中带来的"头脑风暴"，也会产生一定的启发作用。最主要的是，员工会感到自己被领导肯定，会在感到领导重视的同时，提出更好的想法。最重要的是，通过这种相互的沟通，不仅能激发员工的积极性，同时也能使领导的想法得到员工的更进一步理解，从而真正做到"上下一条心"。

三是用平等的心态、积极的方式沟通。平等的心态，不只是口头说说而已，领导者要以身作则，放低身段，在沟通中以倾听、引导为主，而不是强权式的说服。习惯于权威型管理的领导者，在日常生活中难免带出不平等、不尊重的态度来。所以在日常的细节中也要多加注意。

所谓积极的方式，就是说要往好的方面去沟通，而不是一说话就挑毛病，有时候还自己以为是对员工高标准严要求，其实早就已经伤了员工的工作积极性了！比如，一个有待改进的策划案，领导可以说："这个策划案很棒啊，很多想法都很好，但是某某方面，有个小细节是不是可以这样修正下……"

相信员工一定会乐于接受，用尽心力去完善这个策划案，并且对以后的工作更有信心和勇气。这也就是领导沟通的最终目的——激发员工的潜力！

引车卖浆道与术：在日常管理中激发员工潜能

◆打造诚信、感恩的企业文化。

◆定期和员工互动，做一些励志游戏，加强团队凝聚力。

◆快乐和兴趣是最大的潜能动力。

◆适当减少日常管理的功利性，增加人性，乃至信仰的因素。

◆经常跟员工分享愿景和目标。

◆渲染对愿景的渴望，并让企业内的每个人都感受到它。

柔性管理不等于放任管理

妥协也好，坚持也好，目的性一定要清楚，目的性清楚了，我相信就会把握得好这个度。妥协不是目的，妥协是为了达到预定目的的一个手段。我只怕大家为了达到预定的目的，不懂这个手段，那就会出事。这两个一定要刚柔并济，把握者本身还要有很高的政治智慧。

——任正非

不少企业领导者常有这样的困惑：我给员工提供了良好的工作环境，开出可观的工资，也采用了大量的激励政策，平时还和颜悦色地就差哄着他们工作了，但为什么员工就是不能按企业所希望的、要求的方式行事？其实，这往往是由于领导者在管理限度上出现了偏差。

虽然我们在这一章里一直讲领导要柔性管理，但不等于说柔性管理就是放任自流。还是从老子的柔弱观念来看，老子认为柔弱、谦下这类品质，表面看好像处于被动和劣势，实际上却占主动，处于优势。因此，做领导也应当像水一样，保持柔弱、谦下，但不等于说没有主见，放任不管。一个新时代的领导者，应该是刚柔并济、道术结合的，也就是我们说的，强势做事，柔性管理。

没有人会否认，一个领导者必须具有刚性的特质。因为企业处在充满竞争的环境中，时刻面临生存的挑战，需要立排万钧的坚定，也需要雷厉风行的执行。但领导也必须具有柔性的特质，因为企业是由人组成的，他们的内心渴望激情、挑战、成就感和被认可，这些是刚性领导所不能给予的。然而，柔性管理不等于放任不理，只是在管理上更讲究人性、讲究从心出发的管理。

我们来看下面这个例子。

一位培训师应老朋友的邀请，来到某通信公司的子公司，分享一个关于尊重人性进行管理的课题。走进公司，他就发现，这个团队的风格和其他同行业的兄弟公司完全不同，每一名员工都充满激情和活力。作为一名经管研究者，他不由得向老朋友询问管理的诀窍。

"我没有什么特别具体的活，就是每天都像现在这样，拉上我们核心的团队成员喝喝茶，聊聊天，说说一些我们大家都关心的事。"

就这样，就能让一个团队如此充满激情？

培训师觉得老朋友在卖关子，或者根本就不想分享经验，于是他特地指着公司新安装的监控摄像头问："据我所知，这个是上级公司最新安装的管理工具——考勤录像证明吧？"

老朋友点点头。

培训师问："我听说，这个摄像头安装之后，颇有些员工表示不满，有几个部门还闹了纠纷，你不觉得这样'监视'员工的工作，跟尊重人性进行管理是矛盾的吗？"

老朋友笑笑说："上级公司的要求当然是要执行的，但是也没有必要把气氛搞得很紧张，而且我也一直不认为考勤能靠这玩意儿保障。没准还破坏工作积极性呢。"

培训师问："但是你的员工看起来好像对此不是很在意？"

老朋友说："那是因为我将大家的注意力往其他地方引导，比如摄像头可以在发生业务纠纷的时候保障公平和公正，也可以起到维护办公环境的安全的作用，最重要的是，摄像头虽然安装了，但是事实上也没有成为考勤以及绩效考核的工具！"

在其他地方，摄像头是监视员工行为是否违反制度和纪律的标准，而在这个团队里，却成了维护员工利益、帮助员工安全工作的保障。同样的管理工具，员工对它的态度却不一样，这就看领导者的智慧在其中起到的作用了。

柔性管理，说白了就是在考虑员工的感受的基础上进行管理，领导把自己摆在平和的位置，以柔和的方式、宽和的心态去管理，是最高明的用人之道。

惠普创始人之一休利特就是一个典型柔性管理领袖，他喜欢钻研，为人冷静，面对部下很谦虚，但是对原则问题并不放松。他最典型的管理方式叫"三顶帽子"，可以作为领导们在管理中借鉴之用。

休利特的第一顶帽子叫作鼓励。当员工给他提建议的时候，他首先给高帽："哦，你这个建议太好了！你接着说。"听到领导这样说，员工当然很高兴。就会毫无保留地把想法和盘托出。听完了，休利特就会说："很好很好，我考虑一下。"

休利特的第二顶帽子叫质疑。当休利特再找到这个员工时，他对这个提议已经有一定的想法了。他会不断地问这个员工各种问题，以考察他对这个建议思考的深度和广度。员工也会很配合，因为他会想：领导对我的建议很重视啊！于是会更竭力地思考建议的各个相关方面。很多时候，好想法的雏形就在质疑中出现。

休利特的第三顶帽子叫决断。休利特会找到提议者，告诉他结果。一种是："我仔细考虑了，这个好像目前还不是很成熟，如果时机成熟，你这个建议我们会采用的。"还有一种结果是："你上次那个建议我考虑了，觉得很好，公司准备实施。"

不论是哪种结果，提建议的员工都会觉得很舒服，因为领导的结论是经过调查研究后得出的。这样，即使这次的建议没有被采纳，员工的热情也不会被打击，以后有了好想法，这个员工还会继续提。

这就是休利特的"三顶帽子"。这种领导方式其实就是柔性管理中，领导放低自身，尊重员工，以柔克刚。保罗·盖蒂曾经说过："我宁要100个人的1%，不要自己的100%。"尊重并且肯定员工的价值，用柔术对待员工，可以促进员工产生成就感，激发他们的热情和创造力，这才是推动企业不断前行的源力。

领导力测试：你有统御能力吗

每一位领导者都知道，他必须博取注意和尊重。否则他对企业便不具备影响力。然而，太富侵略性的人也会在组织中留下不良的影响。你有什么样的统御力？请看以下测试：

1. 你大声说话吗？

经常□　有时□　从不□

2. 当会议主席征求问题或者意见的时候，你通常都是第一个发言吗？

经常□　有时□　从不□

3. 当发现愚蠢的错误时，你会大发脾气吗？

经常□　有时□　从不□

4. 关于你的部属能否胜任某个任务的问题，你会表述自己强烈的意见吗？

经常□　有时□　从不□

5. 你曾经用讥嘲的口气批评别人吗？

经常□　有时□　从不□

6. 在平时的谈话中，你会使用极不恭敬的口吻或者词汇吗？

经常□　有时□　从不□

7. 当你的干部企图向你解释某件事的时候，你会打断他吗？

经常□　有时□　从不□

8. 你曾经利用职位或身份上的优势去压迫职位比你低的人吗？

经常□　有时□　从不□

9. 当你的下属做了一件让觉得困扰的事，你会冲到他的办公室将你的看法直接告诉他吗？

经常□　有时□　从不□

10. 代表身份、地位的宽大的办公室、高级的座驾等对你来说重要性如何？

很重要□　重要□　不重要□

11. 你是否相信，攻击才是最好的防御？特别是你在受到他人责难的时候。

是的□　偶尔□　从不□

12. 你喜欢对部下展示权威吗？如发号施令、惩戒、考核绩效、决定加薪、开除等。

是的，这是工作满足的重要因素□

偶尔，我还能从良好的工作团队中获得更多的满足□

从不，这样的事对我来说很讨厌□

13. 当你有困难待解决时，你曾听取有经验的干部的意见吗？

经常□　有时□　从不□

14. 当你在会议中觉得和人谈话非常乏味时，你会表达出来吗？比如不停打哈欠，胡写乱画，在桌子或者墙上无意地敲打等。

经常□　有时□　从不□

15. 你会对人失去信心吗？

经常□　有时□　从不□

16. 你曾经在与同事争论后走出房门并且很大声地将门关上吗？

经常□　有时□　从不□

17. 你曾经愤然挂断电话终止争论吗？

经常□　有时□　从不□

18. 你认为一个表现很差的演讲者应该受到公开的侮辱吗，比如被赶下讲台或者其他。

是的，这样下次他才不会再犯。□

有时，如果他是故意藐视听众的话。□

不，只要是人都应该收到尊重。□

19. 你曾经因为下属穿了一件你认为不合适的衣服或者你不能接受的发型而惩罚他吗？

经常□　有时□　从不□

此测试题中，持"是的"、"经常"的答案为3分，持"有时"、"偶尔"

答案为 2 分。

分数 51～61 分：

你极具侵略性而且时时准备踩着别人的肩膀往上爬。这样恐怕会妨碍你的组织的前进，因为现在的人希望有一个受人尊重和信任的领导来带领他们，而不是一个"老油条"。

分数 36～50 分：

有时在严重的压力下，你能够超越巅峰，或者表现出马上可能后悔的举动。总而言之，你被认为是一个坚毅的人。

分数 14～35 分：

你有点散漫，常常无法在必要的时候让下属感受到权威和自信。你可以接受一些领导技巧上的训练，来帮助自己应对现在一直逃避的一些情况。

分数 13 分以下：

如果你想要有个领导者的样子，恐怕要从现在开始好好整合自己的领导能力，包括领导心态和领导技能，否则你的组织将面临困境。

第十章　探索无极限——重踏上升轨道，还看道与术

诚信是企业发展的基石

信用既是无形的力量，也是无形的财富。

——松下幸之助

诚信，现代汉语的解释很简单，就是诚实而有信用，在我国古代也是忠诚信义的概括，是中华民族的传统美德。对领导者来说，诚信是每个企业的灵魂。有了它，企业才能生存和发展！中小企业有诚信才能站稳脚跟，才有做大做强的可能；大型集团更需要靠诚信打造商业帝国的基石，以免一朝大厦倾倒，一切化为乌有。

诚信从来就被视为"进德修业之本"、"立人之道"和"立政之本"。在今天的企业里，诚信不仅是一种责任，更是一种承诺：既是价值观的体现，又是一种企业文化的沉淀。俗话说："人无信不立，政无信不威，商无信不富。"一个企业要生存发展，就必须把诚信作为基石。

《郁离子》中记载了一个因失信而丧生的故事。

济阳有个商人过河时船沉了，他抓住一根大麻杆大声呼救。有个渔夫闻声而至。商人急忙喊："我是济阳最大的富翁，你若能救我，给你 100 两金子。"待被救上岸后，商人却翻脸不认账了。他只给了渔夫 10 两金子。渔夫责怪他不守信，出尔反尔。富翁说："你一个打鱼的，一生都挣不了几个钱，得到十两金子还不满足吗？"渔夫只得悻悻而去。不料想后来那富翁又一次在原地翻船了。有人欲救，那个曾被他骗过的渔夫说："他就是那个说话不算数的人！"于是商人淹死了。

故事中的商人两次翻船，遇到同一个渔夫，这是偶然。但这个故事说的道理却是必然的。因为一个人若不守信，便会失去别人对他的信任。所以，一旦他处于困境，便没有人再愿意出手相救。

做人是如此，做企业更是这样。没有诚信的企业死于非命的例子太多了，可为什么企业在利润面前，总是愿意丢失诚信呢？很简单，因为眼前的利润是看得见摸得着的，而诚信，在届时看起来什么好处都没有，人天生是趋利避害的。所以，为了让"诚信"之道被追求利益最大化的企业领导信服，我们来说一个因诚信而把小公司做大的事例吧！

张老板是山西人，从小家贫，念了小学就帮家里踩三轮车拉砖了。20 多岁，因为当地的地利，几个兄弟借钱，开了一家小小的煤炭公司。因为穷人出身，深知民间疾苦，当了小老板的张先生做生意也是认认真真、踏踏实实，虽然赚钱不多，但是总算不用过拮据的日子。

2009 年下半年，因为煤炭行业调整，煤价大涨。但煤业公司的订单一般都在当年年初就已经签订。由于价格落差实在太大，同行业的煤老板们纷纷毁约。张老板也面临不毁约就赔本的境地。虽然读书不多，但中国传统文化中最基本的"仁义礼智信"却是他一直信奉的为人准则，最终，张老板作出了一个让他自己都不知道后果会怎样的决定：所签订单，全部按原价发货！

这个决策一出，合同方当然是惊喜连连，而张老板连妻子都不敢告诉，自己过了一个忧心忡忡的年——他实在不知道明年的生意还能不能做下去。

没想到到了第二年，一开春，张老板就被各地飞来的合作需求给砸懵了。原来，去年张老板忍痛履行合同的事在很多用煤单位都传开了，张老板和他的小公司一下子成了行业内"诚信"的代表。这下，很多大订单客户也希望跟张老板合作。真是水涨船高，这一年，张老板不仅没有被资金周转给难倒，而且还一下子扩大了经营的规模！

后来，张老板每每应邀出席讲座或者报告会，都会讲自己这段亲身经历，可以说，正是"诚信"二字，帮他打开了今天的局面。

不诚信的企业也能赚钱，这是毋庸置疑的。但是，能够经久不衰的企业，其领导无践行"诚信"二字。李嘉诚、王永庆、胡雪岩、松下幸之助、稻盛和夫……他们都把诚信看得比眼前的利益要重。因为他们都是商界的得道高人，深知诚信是立身之本，也是经商之本，是商业活动顺利进行和企业稳步发展的必要前提和条件。一个人如果讲信用讲到了众所周知的程度，树立起了信誉，他就拥有了一种无形的资产，这可比眼前的短暂利益要大得多，带来的回报也是不可限量的。

当然，诚信也不是口号，而是要实实在在去做的。现在是产业链时代，一个企业不仅自己要做到诚信，也要选择诚信的下属和诚信的上下游合作单位，这是保证整个企业经营正常运行的手段。那么，如何在鱼龙混杂、良莠不齐的人群中，找到那闪着金子般光芒的诚信者？这就需要领导者偶尔用点小手段了！

我们来看这个领导的做法：

某日，一位顾客走进一家汽车维修店，自称是某运输公司的汽车司机。"在我的账单上多写点零件，我回公司报销后，有你一份好处。"他对店主说。但店主拒绝了这样的要求。顾客纠缠说："我的生意不算小，会常来的，你肯定能赚很多钱！"店主告诉他，这事无论如何也不会做。顾客气急败坏地嚷道："谁都会这么干的，我看你是太傻了。"店主火了，他要那个顾客马上离开，到别处谈这种生意去。

这时顾客露出微笑并满怀敬佩地握住店主的手："我就是那家运输公司的老板，我一直在寻找一个固定的、信得过的维修店，你还让我到哪里去谈这笔生意呢？"

你看，这家运输公司的老板自己肯定是个以诚信为本的经营者，而他也要找同样诚信的维修店来作为自己的合作伙伴。为了甄别出真正的诚信者，他采取了一点小技巧，最后终于如愿以偿。

当然，领导者没有必要事事都自己亲自挑选，因为从吸引力法则来说，一个诚信的人，自然会吸引同样诚信的人来到他的身边，一个洋溢着诚信的氛围的组织，也很难容下偷鸡摸狗、坑蒙拐骗的分子。所以，说一千道一万，领导者还是要从自己做起！要知道，如果你自己不是一个诚实守信的人，而只是在企业内外宣扬诚信并且寻求诚信者，那么最后搞不好，你找到的都是一些跟你自己一样的伪"诚信"者。

引车卖浆道与术：在领导工作中展现诚信的四个方面

◆处事公平，比如在手下员工同样加班的情况下，绝对不能有的做补偿，而有的置之不理。

◆赏罚分明，而且最好要有条例可依，条例切忌朝令夕改。

◆安排工作要有条理，权利、责任、义务、时效落实到人。

◆检查工作要有结果，承认下属劳动的价值。

祸兮福所倚，福兮祸所伏

心脏是一座有两间卧室的房子，一间住着痛苦，另一间住着欢乐，人不能笑得太响，否则笑声会吵醒隔壁房间的痛苦。

——卡夫卡

老子的名言"祸兮福所倚，福兮祸所伏"太有名，以至于大多数人只是把它当成一句熟语，而忽略这句话其实揭示宇宙的真理。因为时间是流动的，事物是发展的，没有一成不变的喜乐烦忧，今天的福气也许就会带来明日的灾难，而此刻的痛苦，很可能到明天就是动人的幸福。小到个人，大到企业乃至国家，这句话都是适用的。

为什么在领导者的道和术中，要特别地提出这句话？因为领导者往往比一般人有更强的掌控力和控制欲，他们有的是天生的叛逆者，所以能做时代的弄潮儿，他们敢反对，有创新能力，敢冒险，有过人的勇气，碰到困难习惯的不是认命，而是咬紧牙关再拼一拼！所以，提出这句话，是要提醒领导者们，任何事情都是相对的。领导要在生活和工作中，修炼自己的眼光和气度，遇到好事也不沾沾自喜，要提防不测；碰到坏事也无须心灰意冷，要看到背后的转机。

我国甘肃地区盛产一种叫花牛的苹果，是当地农民主要的种植作物和经济来源。

一年九月，正值苹果成熟季节，一场突如其来的强冰雹，把每家每户果园里的苹果都打得伤痕累累。花牛苹果本来就以外形红润可喜畅销全国，这下最大的卖点没有了，几天就能装箱运往外地的苹果变成了残次果，果农们算着账不免都唉声叹气。但其中有一个姓杨的果农却在思考对策。他坚信上天给人关上一扇门，必然在哪里打开了一扇窗。果然，两天后，他找到了出路。

他把苹果正常装箱，按合同输往各地，而且每份合同都多发了一小箱"试吃品"，随着账单附上的还有一张苹果"说明书"，上面写道："请不要小看这些苹果上的伤痕，它们都是冰雹留下的伤痕，这正是高原地区苹果特有的标志。请品尝。如果您认为苹果的口味不符合要求，可以无条件退货。"

苹果发出去后，退货者寥寥无几，反而有不少商家品尝苹果后要求，第二年继续预订"伤痕苹果"，因为消费者看到苹果上的冰雹伤痕，更愿意相信这是来自高原的产物。

是杨老板有"化腐朽为神奇"的聪明才智吗？与其说是他聪明，不如说他深谙天地宇宙运行的道理，而当他的生意碰到困难的时候，他很自然地就把这个道理运用了起来，于是，坏事就被他变成了好事。而同样的情况，其他果园主就只能竭尽脑汁将苹果降价处理，以减少损失。可见，在随时可能出现突变的环境里，令人失败的不是变化，而是透过现象看到本质的能力。

这是坏事变好事的例子。好事是人人都喜欢的，为什么要说"福兮祸所伏"？这是就古人说的："月有阴晴圆缺。"事物发展到一定阶段，"满则溢"、"盈则亏"，从高潮滑向低潮，这也是自然规律。企业在取得高速增长之后，也会面临这样的问题。如此一来，任何企业都必须时刻关注环境的变化，才能趋利避害，因为任何对环境变化的迟钝与疏忽都会对企业造成严重的甚至是致命的打击。

当然，如果无法趋避，也不妨就坦然面对，只要你真的有能力、有决心，吸取教训，从头再来，你经历的灾祸，最后也会成为你的财富。正如某知名品牌的总裁告诫他的同僚：不要害怕跌倒，你比那些没有跌倒的人更幸运，因为他们连跌倒的机会都没有！一次意外是这样，一个人或者一个企业命运的升迁起落也是这样。史玉柱东山再起的实例很能说明这个道理。

20 世纪 90 年代中期，当年"十大改革风云人物"之一的史玉柱决意在美丽的珠海盖一栋自己的大厦，可在他一次又一次和总理握手之后，这栋原本 18 层的房子忽然间被拔高到 70 层，史玉柱意气风发地决心要盖中国第一高楼，哪怕当时他手里揣着的钱仅能为这栋楼打桩。联想集团总裁柳传志这样形容当时的史玉柱："他意气风发，向我们请教，无非是表示一种谦虚的态度，所以没有必要和他多讲。而且他还很浮躁，我觉得他迟早会捅出大娄子。"

正是在这样的担忧和预言下，巨人大厦很快坍塌下来。1997 年年初，巨人大厦未按期完工，巨人集团欠下 5 亿元的债务，名存实亡。

但史玉柱并没有随着巨人大厦倒下。虽然痛苦，但不茫然，这就是史玉柱。他一方面分析巨人集团失败的原因，吸取教训；另一方面开始涉足其他行业。他做脑白金，做网络游戏，都做得有声有色。

2007 年 11 月 1 日，史玉柱旗下的巨人网络集团有限公司成功登陆美国纽约证券交易所，总市值达到 42 亿美元，融资额为 10.45 亿美元，成为在美国发行规模最大的中国民营企业，史玉柱的身价突破 500 亿元。

2012 年《财富》中国最具影响力的 50 位商界领袖排行榜，史玉柱榜上有名，排名第 22 位。

在介绍自己经验的时候，史玉柱曾经说，当时巨人垮台，很大一个原因是整个集团那么多资金，居然没有一个合适的财务运算，连他自己都不知道一天进出多少流水。而之后，不论做什么产业，他都有专业的财务总监来打理这一块。而且，东山再起的巨人集团的财务风格，一直以保守、稳健著称，这跟当时巨人大厦之倾的教训不无关系。

虽然商界没有如果，但是如果世上有如果，我们是不是可以推测，当年那个意气风发的史玉柱，即使不亏在巨人大厦上，也会亏在其他地方，因为他那传统的财务理念和接近胆大妄为的冒进的营销方式，总有一天会在扩张中成为互相攻击的矛和盾。而一次轰轰烈烈的失败，让史玉柱一辈子都不会犯类似的毛病，所以他的商业帝国才越做越大。

所以，从这个角度来看，当年的事业崩溃、巨额欠款，对史玉柱一生的成就来说，利大于弊。谁又敢说，祸福不相依？

正如医生为了医治埋藏得比较深的寒毒，往往会先用一些发散的药，让病体现到身体的体表。如果只是看到身体表面病变加重，就认为是不好的情况，那就是不懂医理的片面之见。如果我们把企业看作一个活的有血有肉的机体，那么企业中的有些看似不好的情况，反而没准正是好事。当然，这也不是说领导者要在组织里面整天没事找事地瞎折腾。企业之祸福情况，不是一眼就能断言的。所以领导者要有稳定、平和的心态，平时不惹事，有事不怕事，好事不骄矜，坏事不退避，争取坏事变好事。

知识延伸：一张图看清组织的能量责任比

能量管理坐标系——组织

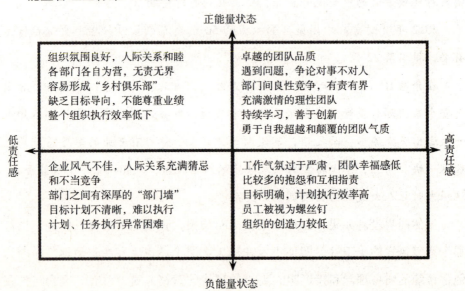

变革，企业发展的持续力

生命中真正重要的不是你遭遇了什么，而是你记住了哪些事，又是如何铭记的。

——加西亚·马尔克斯

如今，经济发展的节奏越来越快，企业时刻都处在不断变化的外部环境中，尤其是随着中国融入国际经济的步伐逐渐加快，中国企业的竞争环境出现了急剧的变化，行业结构、竞争格局、消费者需求、技术发展等都发生了相应的变化，导致不确定因素增强、风险加大。而在这样的环境下，必然会遇到无数困难和挑战。此时，企业为了生存，为了谋求进一步的发展，就要打破旧模式的束缚，勇于变革，进行战略转型，实施内部升级。

怎样理解企业的变形或者变革？可以想象一个水桶，这个桶每天都在往里面接水，现在，水满了，再接就会溢出去。那么，我们把这个桶重新箍一遍，加点木头，让它变得更大，就可以继续接更多的水了。

在我国有很多成功变革的企业案例，海尔集团董事长张瑞敏砸冰箱的阵痛式变革；联想的战略分拆变革；万科的减法战略变革；格兰仕规模化低价格战略变革等，这些企业通过变革，获得了再一次飞跃。穷则变，变则通，通则久。就是这个道理！

卡尔·多伊奇说："当今世界唯一最大的力量是变革的力量。"时代在变，市场在变，政策在变，企业内部也在变，你要想在这个时刻变化的时代独占鳌头，就要勇于变革，在变革中获得重生。

变形，首先要解决的是抛弃过去、推陈出新，用新的管理模式替代旧的管理模式，重新建立起一个依靠企业整体素质来实现持续发展的管理体系。这对企业里的每一个人来说都是一次脱胎换骨的过程。肯定会痛苦，也会有阻挠。如果不能认识到这一点，企业的变形就很难如愿。

鹰是世界上最长寿的鸟类，可以活到 70 岁。但是它们在 40 岁时会面临一次生死抉择。因为到了 40 岁，鹰尖锐的喙开始老化，变得又长又弯；它的爪子也不再锋利和敏捷，无法抓住猎物；而它的翅膀由于钙化会变得很沉重，不能再灵活地飞翔。

此时的鹰只有经历一次蜕变，才能延续它后 30 年的生命，否则等待它的只有死亡。

蜕变是痛苦的。它用粗糙的岩石打磨自己的喙，把老化的喙生生剥离，这时它不能进食，直到新喙慢慢长出来。然后用新喙把老化的指甲一根根拔出，忍受着身体的疼痛，等待新趾甲长出来。最后用新趾甲把老化的羽毛一根根拔掉。经过五个月的煎熬，待到新羽毛长出来后，鹰就获得了重生。

鹰获得新生的代价就是要经过痛苦而漫长的蜕变。领导人如果要在企业中推行变革，那么就要有鹰的勇气和忍耐力。做好面对艰难困苦的准备。这里面有三个方面需要面对：观念、体制和人员。

在体制上：比如研究成果的转化股份、管理制度的改革和创新等都会给企业的改革创造一个必要的氛围和前提，也会带来巨大的机会。

在观念上：改革要先把目的确定清楚了，研究清楚归根结底想要什么，然后选择你认为最该走的路。

在人员上：再好的制度和观念也需要人来执行。如果所选的人能力不够、事业心不强，那做坏的可能性就非常大。

改革对企业来说，是一场持久战，需要"与时俱进"。具体的战略和决策，都要在当时当地的具体环境下做出最适合、最可行的选择。天时、地利、人和都要顾及。所以，企业的创新战略，必须要由领导层面来做决定，因为这个层面能在更高的平台和更开阔的视野范围内对整体的预判和系统资源的整合。

首先，变革不能盲目。变革是企业为了生存和发展采取的必然行动，并不是可有可无或肆意妄为的行动，变革的成败关系到企业的存亡，所以企业领导在变革时一定要慎重，不能一时兴起或效仿别人。在进行变革之前，要认真思考变革的真正内涵，了解变革的内容，把变革提升到战略的高度进行研究。

其次，明确变革的目标，确保变革计划可行。做任何事情都必须有一定的目标，企业变革也是如此，没有目标的变革没有任何意义。企业在制定变革计划时，切忌操之过急，追求完美，一定要慎重分析企业是否具有变革的内外环境条件，是否具有可操作性，如果企业在条件不成熟、计划没有可行性的时候进行变革，成功的概率微乎其微。

再次，要得到内部人员的认同。人是企业的核心，得不到企业人员的广泛认同，变革肯定不会成功。所以，企业要变革，需要做好人员沟通工作，就变革的目标、方法、任务与企业人员进行沟通，明确各个岗位的任务，充分调动人员的积极性。从领导层到员工，只有大家积极配合，从大局着眼，舍小利顾大利，才能确保变革的成功。

最后，变革的过程管理及成果巩固。变革是一个过程，不是一个优秀的计划，所以，一定要有效执行变革计划，加强变革过程的管理。在变革取得一定成果后，企业领导绝不能掉以轻心，忽视成果的巩固，要及时把变革成果形成制度，或融入企业文化。变革成果得不到巩固，很可能会导致变革的最终失败。

我相信，领导者如果能做好上述四个关键点，企业的每一次变革都会经受住大风大浪的考验，最终获得重生，实现企业更好、更快地发展。

案例链接：摩托罗拉的流程再造

摩托罗拉是由通信器材和半导体产品体系所构成的企业集团，集团有很多部门。然而，这样一个集团组织，从高层主管到低层生产线，权力全部分散，集团整体只有一个不足 30 人组成的总部统率，居然井然有序，效率很高。

摩托罗拉之所以在组织结构上达到如此简单有效的管理境界，是因为它苦心摸索了半个多世纪之后，终于找到了自己的"风格"。

摩托罗拉是由劳勃·盖尔文的父亲在 1928 年创立的，事实上，从诞生之日起，它就蒙上了家族的色彩。

劳勃·盖尔文接任之后，企业的权力都集中在他一人之手。正因为如此，1968 年，摩托罗拉的半导体产品集团主管李斯特·何根"跳槽"了，两年之后，有 80 名员工先后离职。

接连几次的"背叛事件"发生后，劳勃·盖尔文意识到，要做一些改变，随后将权力与责任分散。1970 年，威廉·卫斯兹接替劳勃·盖尔文成为新一任总裁。

威廉·卫斯兹上任后立即进行大幅度的改革。他保持企业的大目标及原则不变，却将一般权力与责任尽量分散到各个阶层。

从此，摩托罗拉逐渐把权力分散到各盈利单位。各盈利单位获得了相当可观的财务控制权，可以对资源进行分派，同时，也有权力加入或退出某些营业项目。

如此一来，摩托罗拉削弱了家族经营的弊端，把整个企业分成了很多个智囊团，大部分的人都分享到权力与责任。

紧接着，威廉、劳勃和米歇尔组成了一个非正式的董事会核心。三大巨头加起来，在该公司组成了"三头马车报告"，每一个巨头专门负责四五种业务，在这些事务上面，拥有较大的决定权。

事实上，在三大巨头意见相左的时候，或者关系到全体利益的敏感问题，诸如管理发展、人事管理、组织规划、年度预算的拟定以及对员工及工作成效的考核等问题的时候，要集中意见来表决。

除此之外，摩托罗拉成立的董事会每个星期一主持一次例会，先花两个小时与高级职员接触，然后再花两个小时单独讨论。另外，每隔四周一次的工作会议上，董事会也会花几个小时研究发展战略问题。

科学的管理协调了摩托罗拉各部门间的目标及方针，正因为如此，总部在营运方面长期不加干涉也不会造成问题。

摩托罗拉对组织结构的变革，消除了家族企业的积弊，使得权力分散到各部门，加快了部门之间的协调速度，提高了企业运作效率，获得了良好的效果。

企业如人，活着才能改变世界

人的一生，总是难免有浮沉。不会永远如旭日东升，也不会永远痛苦潦倒。反复地一浮一沉，对于一个人来说，正是磨炼。因此，浮在上面的，不必骄傲；沉在底下的，更用不着悲观。必须以率直、谦虚的态度，乐观进取、向前迈进。

——松下幸之助

在本书即将结束的最后，我们请领导者来思考一下这个问题：作为一个人，一个生命，你认为对你来说，什么最重要？

禅宗公案故事有这样一则：

夏日正午，禅院里的花被火样的太阳晒得枯萎了。小和尚看见了，赶快去井里提水，一边跑一边说："天啊，花都快晒死了，快浇点水吧。"

老和尚看到了，说："别急，现在太阳太热，井水又凉，一冷一热，花会死掉的。等傍晚再浇吧。"

傍晚，花看起来快干透了。小和尚一边浇花，一边嘀咕："这花看上去死透了，怕浇不活了。"

老和尚看着小和尚浇花，什么都不说。

水浇了下去，没多久，垂下去的花，居然全部站立起来了，充满了生机。

"它们可真厉害，撑着晒了那么长时间都没有死！"小和尚佩服地说。

老和尚说："因为它们不是撑着不死，而是在好好地活着。"

小和尚疑惑地问："这有什么不同吗？"

老和尚说："当然不同，我今年八十岁，是撑着不死还是要好好活呢？"

小和尚还是一脸迷惑的样子。

老和尚笑道："一天到晚怕死的人，是撑着不死。然而每天都快乐地向前看，就是好好活着。得一天寿命，就要好好过一天。那些整天怕死前来拜佛并且希望死后能成为佛的人是绝对成不了佛的！"

老和尚又说道："今生都没能快乐地过活，死后又怎么能成佛呢？"

小和尚大悟。

领导一个企业，肯定有苦有乐，如果领导者心中只是想着怎样撑着不死，即使企业经营是延续的，也会非常痛苦，总是问题多多。如果领导者心中想着是怎样让企业、让企业中的每个人都快乐地好好活着，那么整个企业的精神面貌就会不一样。撑着不死和好好活下去的差别就是这么大。

为什么总是有些人能够带领一个行业的兴起，甚至能够主宰朝代的更替和民族的振兴？如果排除掉其他个人因素，我们会发现，他们都是为群众谋福利的人，他们懂得建立一个快乐、幸福的组织，让组织中的人有安全感、有归属感。

要做到这些，领导者必然有所付出，而且会比一般部属付出多得多。但是为了企业和组织好好活下去的领导者，会有一种我付出所以我快乐的心态。所以即使他日理万机，但他还是活得从容坦然。他的努力，让组织进步发展；他的快乐，感染身边的人同样快乐！

因为自己的快乐而感染着身边的每一个人同样的快乐，使别人免除不幸与痛苦。同样因为自己的努力，使得整个企业得以进步发展。

企业其实就像人一样，也需要要用爱心来维护！心怀善念、心存感恩的领导者，会获得更大的回报！这神秘的智慧源泉，就是我们与生俱来的能量，取之不尽，用之不竭。所以，从心开始——让企业笼罩着人性的光辉，去打造幸福、快乐的组织！

领导力测试：你能处理危机吗

每个人一生中都会遇到很多糟糕的情况，我们把它称为危机。作为领导人，碰到的意外事故比一般人要多得多。有时候，十字路口的抉择就是那么一刹那，一些当时看起来微不足道的事，却会成为你职业生涯中重大的关键点。可是危机必然会在意外中出现，那么重要的就是如何处理了——辨识问题，正确决定，毅然执行！

以下是一些意外情况，如果有一天你面对这些情况，你会怎样做呢？

1. 你在公司召开重要会议，但是在会议即将召开前 30 分钟，开幕致辞人电话联络你，他的车子在五公里外抛锚了。这时候，你会怎么做？

A. 重新安排议程，直到致辞人出现

B. 让会议延后三十分钟，派计程车去接他

C. 会议延后，自己去接他

2. 你在机场等待一位重要的访客，并且要接他到办公室去。当他出现的时候，你发现他已经严重醉酒，这时候你会怎么做？

A. 按规定接他去办公室，在车上做点力所能及的措施，希望他能在路上醒过来

B. 向他建议先载他到宾馆，并且为他办理登记手续及帮他恢复清醒

C. 坚持载他到宾馆，并且看着他上床

3. 你进入同事的办公室时，发现他正立在窗沿上摇摆不定，似乎有跳下去的意思。而这里是大厦的六层。见此情况，你会怎么做？

A. 一个箭步冲过去，以最快速度拉住他

B. 站在门口，用温和的语气跟他谈话，并试图说服他下来

C. 打电话向消防队求救

4. 企业中一个重要的干部由于没有获得升迁而提出辞职。你面临的情况是，如果找个人来代替这个职位，既费事费时，还不一定省钱，那么你会做的是：

A. 给这个干部优渥的条件，让他继续为组织服务

B. 和这个干部谈心，动之以情晓之以理，让他打消辞职的念头

C. 接受辞呈，尽快打电话到职业介绍所，选择新人

5. 你坐火车去某地演说，结果随身的公事包忘在铺位上，你的演说稿也在里面。而会议一个小时以后就要开始了。这时候你会怎么办？

A. 打电话给会议筹备单位，要求他们重新安排议程，挪后你上台的时间，以便你有时间准备

B. 去最近的文具店买些卡片，将演说提纲用大号字体写在卡片上

C. 顺其自然，听天由命

6. 在讨论一个干部的考核成绩时，他突然变得非常情绪化，你有点担心他可能会攻击你，那么你会：

A. 当着他的面拨电话给安全部，请他们派人协助

B. 向他保证你绝对了解他的感受，只要他愿意，讲多久你都会聆听

C. 采取轻松的态度，向他建议转到附近的酒店里继续讨论

7. 你和客户谈话的时候，他突发心脏病倒下，检查他的心脏还在跳动。这时，除了打电话找人帮忙之外，你还能做什么？

A. 实施口对口人工呼吸，使他醒转

B. 按摩心脏，希望能为之增加活力

C. 让他躺在地板上，松开他的上衣纽扣、领带和皮带

8. 你有半天假，按计划，是要去参加儿子的毕业典礼，而且你的儿子是受奖人之一。可是公司临时通知，因故必须取消所有领导层的休假，这时你会：

A. 勉强同意，然后告诉儿子，你以后再用其他方式补偿他

B. 请公司方面再考虑一下，特事特办。因为儿子期盼你参加典礼已经好几个星期了

C. 提议典礼结束后马上回到公司加班，必然将工作完成

9. 企业中一个主管因为他的妻子不满意调职，而拒绝了一次对他来说非常不容易的升迁机会，你会怎么处理？

A. 表示遗憾，但这毕竟他是自己的选择，只好把机会留给别人了

B. 邀请他们两口子共进晚餐，并且伺机讨论这件事

C. 告诉这位主管，这件事可能会影响他的工作发展

10. 你开车飞驰在高速公路上，赶去和一个大客户进行重要的会议，而

且已经快要迟到了。突然，你的车子碰到一摊水而打滑，这时你的反应是：

A. 紧急刹车

B. 顺着打滑的方向转方向盘

C. 逆着打滑的方向转方向盘

正确答案及分析（每答对一题得 10 分）。

1. B.

身为召集人和领导者，如果这个会议失去控制，对你是很不利的。让计程车去接他就行了。

2. C.

也许当时他会反对，但事后，他肯定会感谢你为他保全的名誉。

3. B.

千万别做任何阻止的行动或者去抓他，这样反而会让他真的跳下去，或者失足坠落。

4. A.

到外面找人既然费时费力费钱，那么就不如用原来的，但是要防止再发生同样的事。

5. B.

很多有经验的演讲者都用这个方法的。

6. B.

让他说，说个够，把情绪发泄完了，他也就理性了。

7. C.

只要他的心脏还在跳动，那么问题就不大，但是要注意他的呼吸。

8. C.

你的企业总裁团只有很无情才可能拒绝这样的建议。

9. B.

气氛轻松的时候，可能会说服对方改变主意。即使不改变，至少表达出你的尊重，会获得那对夫妻的赞赏。

10. B.

一个人在紧急的情况下做出的反应，最能体现他的素质。这个时候顺着方向滑行，是最有效的保命措施。这也说明，有时候当危机出现，不是去针锋相对，试着顺力去四两拨千斤，也许很有效果。

分数 70 ~ 100 分：

你在危机中总是自信、有力，你也能在危机中激发他人的信心，鼓舞他们的意志，这正是一个真正的领导者该有的气质！

分数 40 ~ 60 分：

你有足够的自信和定力，也有处理危机的能力。遗憾的是有些时候你能处理得非常棒，但有时候就有点不那么尽如人意了。你还需要一些系统的危机处理培训，并且应该加强自己的意志力和反应能力。

分数 30 分以下：

坦率地说，你还是不要处理危机了吧，你处理可能比不处理更糟糕！

参考文献

［1］贾春涛. 无为管理的道与术［M］. 中国财富出版社，2014.

［2］王剑. 管事先管人 管人要管心——成功管理者的领导智慧［M］. 台海出版社，2013.

［3］何菲鹏. 恰到好处的领导方式［M］. 中国华侨出版社，2010.

［4］赵志远，丁艳丽. 领导慧眼识才、知人善任的 9 种智慧［M］. 北京工业大学出版社，2010.

［5］高玉卓. 团队凝聚力量［M］. 中国电力出版社，2012.

［6］余伟萍. 企业持续发展之源：能力法则与策略应用［M］. 清华大学出版社，北京交通大学出版社，2005.

［7］［英］安德鲁·吉耶尔，张霄. 企业的道德：走进真实的世界［M］. 中国人民大学出版社，2010.

［8］［美］彼得·德鲁克. 卓有成效的管理者［M］. 机械工业出版社，2012.

［9］陈正. 强势领导带出精英下属［M］. 北方妇女儿童出版社，2014.

［10］［日］松下幸之助. 松下幸之助：领导的法则［M］. 叶少瑜译. 南海出版公司，2013.

后　记

这本书在我心中酝酿多时，真正动笔是 2014 年，敲完最后一个句号，已经是 2015 年的春天了。这期间，不少章节段落，是在机场的候机厅、培训课后的间歇中断断续续写就的。期间也不是没有迷惘过：市面上同类图书很多却良莠不齐，兼而纸媒被叫嚣即将面临灭亡……这样一个浮躁的时代，我有必要如此自讨苦吃地去写一本书吗？要说为名为利，几近笑谈。

我为什么呢？我想，是为了一点执念，或者说，一种情怀。

中国企业，或者说整个中国现在面临的最大问题是什么？无非就是人的问题。

现在，很多企业为了达到眼前的效果，不惜杀鸡取卵，把非常有创意、有激情的能人，管成一般的普通人。这样，企业确实有了一定的执行力，但是缺乏创造力。而那些看上去拿来即用的便捷管理方法，往往是头痛医头，脚痛医脚，就像有些宣称很有疗效的药，治好某种症状，但其他的症状以及后遗症接踵而来。在培训中，在生活里，我接触过无数的企业家、领导者，他们大多对自己的管理能力表示怀疑，因为他们的下属总是给他们带来这样或者那样的失意。换人吧，再换也还是这样！怎一个心力交瘁了得。

可是，我跟那些做下属的、做员工的有过多次深谈，发现他们几乎也都是怨气冲天，他们感到需求不被重视，感到人生没有实现应有的成就感，他们甚至非常缺乏安全感，也很少愿意给予身边的人以更多的善意和信任。

　　为什么我们的组织、我们的团队会这样？为什么本来应该共同向着一个目标奋斗的一群人，最后互相抱怨，互相扯皮，无尽内耗？

　　我曾经不止一次地想，如果我们的国人把时间、精力都合理地运用在工作和学习上，那么，我们的经济和文明该有如何突飞猛进的发展？哪怕再说得小一点，一个企业的利润，能上涨多少个点？每个人的年终奖，能多百分之多少……

　　这不是痴人说梦，因为我相信这个世界上的事，如果有问题，那么肯定有解决的办法。之所以还没有解决，是因为还没有找到办法。

　　我国是农业大国，几千年农耕文明，士、农、工、商，商业一直被排在最后一位，即使在明中叶以后，商业的发展为国家和社会创造了巨大的财富，但是仍然未能改变不被重视的事实。而我国素来有帝王术，有各种政治上的阴谋和阳谋，但是对于经济管理的发展，却一直踌躇不前。即使有商圣之称的范蠡，他用来经商、御人、处事的原则，也是传统儒术加上一些权谋，过人之处是以德为本，知人善任，分寸上处理得当。要做到这个境界，乃是"功夫在诗外"，难以复制，无法速成。

　　我国现在的管理理论，均来自西方国家，实证、逻辑、标准化，有其过人之处，但也有不符合我国文化的地方，执行起来，难免出现常见的"一放就乱，一管就死"的局面。更多情况就是，理论学了一堆，但是到了实际的管理上，用处不大。多少国外 MBA 学成归国的精英，会在一个小公司折腾得人仰马翻，就是明证。

　　笔者曾亲见一个游戏公司的老总，他的办公室墙上摆了整整三排各种领导管理方面的图书，既有如《第五项修炼》等经典经管书籍，也有各种具体的团队打造、管人技巧等实操的书。但是不到两年，这个千万资产起步，数百人的游戏公司，最后以裁员至几十人收场，该老总也从 CBD 中心搬到相对便宜的偏远写字楼，公司名存实亡。

举这个例子，并不是抨击看那些书没有用。笔者自己也是爱书写书之人，深知一本好书的影响力之大，但对于我们目前的管理现状，一些太过急功近利的书，恐怕看了未必有大用，有些可能反之有害。

我自己还有一个更深的体会，就是很多企业老总总是问：我们企业该怎么做？该引进什么先进的管理方式？这样的问题经常让我语塞。作为一个培训师，我更多的时候把自己看作一个医生，而不是一个药剂师。这些老总的问题，就好像一个病人问医生，我病了，我要吃药，快给我推荐药。而不是问医生，我得了什么病，该吃什么药？

现在很多着急来求医问诊的领导者就是这样，他们知道自己的组织内有问题，但是很少认真思考问题在哪里，为什么会有这样的问题，只是忙着"吃药"。今天看这个管理方法好，学过来用几个月，发现没有什么效果，再学一个其他的。劲头十足，但是效果却很难说会怎么样。譬如一个人得了肝炎，然后他去吃治疗肾结石的药，会有效果吗？

当然，我不可能期盼一本书能改变什么现状，这本书也没有那么多特立独行的理论，更多的是一些普适的价值，还有就是自己这些年对领导、对管理的一些心得和体会。如果要说治病，我对这本书的定位，不是某种灵丹妙药，而更像是一杯干净的水。我们相信，一个人每天喝足够的水来养生，自身的免疫就可以抵御一部分疾病了。

当然，如果这本小书，对各位有志于做个杰出的领导人的朋友还能有些启发和帮助，那就是我之大幸了。同时，也诚恳地敬请各位管理界的前辈和践行者，能不吝给予指导。